杭州全书编纂指导委员会

杭州全书编辑委员会

杭州全书·西湖丛书

王国平 总主编

名人与杭州西湖

文苑雅士篇

王露 著

杭州出版社

杭州全书总序

城市是有生命的。每座城市，都有自己的成长史，有自己的个性和记忆。人类历史上，出现过不计其数的城市，大大小小，各具姿态。其中许多名城极一时之辉煌，但随着世易时移，渐入衰微，不复当年雄姿；有的甚至早已结束生命，只留下一片废墟供人凭吊。但有些名城，长盛不衰，有如千年古树，在古老的根系与树干上，生长的是一轮又一轮茂盛的枝叶和花果，绽放着恒久的美丽。杭州，无疑就是这样一座保持着恒久美丽的文化名城。

这是一座古老而常新的城市。杭州有8000年文化史、5000年文明史。在几千年历史长河中，杭州文化始终延绵不绝，光芒四射。8000年前，跨湖桥人凭着一叶小木舟、一双勤劳手，创造了辉煌的“跨湖桥文化”，浙江文明史因此上推了1000年；5000年前，良渚人在“美丽洲”繁衍生息，耕耘治玉，修建了“中华第一城”，创造了灿烂的“良渚文化”，被誉为“东方文明的曙光”。而隋开皇年间置杭州、依凤凰山建造州城，为杭州的繁荣奠定了基础。此后，从唐代“灯火家家市，笙歌处处楼”的东南名郡，吴越国时期“富庶盛于东南”的国都，北宋时即被誉为“上有天堂，下有苏杭”的“东南第一州”，南宋时全国的政治、经济、科教、文化中心，元代马可·波罗眼中的“世界上最美丽华贵之天城”，明代产品“备极精工”的全国纺织业中心，清代接待康熙、乾隆几度“南巡”的旅游胜地、人文渊薮，民国时期文化名人的集中诞生地，直到新中国成立后的湖山新貌，尤其是近年来为世人称羡不已的“最具幸福感城市”——杭州，不管在哪个历史阶段，都让世人感受到她的分量和魅力。

这是一座勾留人心的风景之城。“淡妆浓抹总相宜”的“西湖天下景”，“壮观天下无”的钱江潮，“至今千里赖通波”的京杭大运河（杭州段），蕴涵着“梵、隐、俗、闲、野”的西溪烟水，三秋桂子，十里荷花，杭州的一山一水、一草一木，都美不胜收，令人惊艳。今天的杭州，西湖成功申遗，中国最佳旅游城市、东方休闲之都、国际花园城市等一顶顶“桂冠”相继获得，杭州正成为世人向往之“人间天堂”、“品质之城”。

这是一座积淀深厚的人文之城。8000年来，杭州“代有才人出”，文化名人灿若繁星，让每一段杭州历史都不缺少光华，而且辉映了整个华夏文明的星空；星罗棋布的文物古迹，为杭州文化添彩，也为中华文明增重。今天的杭州，文化春风扑面而来，经济“硬实力”与文化“软实力”相得益彰，文化事业与文化产业齐头并进，传统文化与现代文明完美融合，杭州不仅是“投资者的天堂”，更是“文化人的天堂”。

杭州，有太多的故事值得叙说，有太多的人物值得追忆，有太多的思考需要沉淀，有太多的梦想需要延续。面对这样一座历久弥新的城市，我们有传承文化基因、保护文化遗产、弘扬人文精神、探索发展路径的责任。今天，我们组织开展杭州学研究，其目的和意义也在于此。

杭州学是研究、发掘、整理和保护杭州传统文化和本土特色文化的综合性学科，包括西湖学、西溪学、运河（河道）学、钱塘江学、良渚学、湘湖（白马湖）学等重点分支学科。开展杭州学研究必须坚持“八个结合”：一是坚持规划、建设、管理、经营、研究相结合，研究先行；二是坚持理事会、研究院、研究会、博物馆、出版社、全书、专业相结合，形成“1+6”的研究框架；三是坚持城市学、杭州学、西湖学、西溪学、运河（河道）学、钱塘江学、良渚学、湘湖（白马湖）学相结合，形成“1+1+6”的研究格局；四是坚持全书、丛书、文献集成、研究报告、通史、辞典相结合，形成“1+5”的研究体系；五是坚持党政、企业、专家、媒体、市民相结合，形成“五位一体”的研究主体；六是坚持打好杭州牌、浙江牌、中华牌、国际牌相结合，形成“四牌共打”的运作方式；七是坚持权威性、学术性、普及性相结合，形成“专家叫好、百姓叫座”的研究效果；八是坚持有章办事、有人办事、有钱办事、有房办事相结合，形成良好的研究保障体系。

《杭州全书》是杭州学研究成果的载体，包括丛书、文献集成、研究报告、通史、辞典五大组成部分，定位各有侧重：丛书定位为通俗读物，突出“俗”字，做到有特色、有卖点、有市场；文献集成定位为史料集，突出“全”字，做到应收尽收；研究报告定位为论文集，突出“专”字，围绕重大工程实施、通史编纂、世界遗产申报等收集相关论文；通史定位为史书，突出“信”字，体现系统性、学术性、规律性、权威性；辞典定位为工具书，突出“简”字，做到简明扼要、准确权威、便于查询。我们希望通过编纂出版《杭州全书》，全方位、多角度地展示杭州的前世今生，发挥其“存史、释义、资政、育人”作用；希望人们能从《杭州全书》中各取所需，追寻、印证、借鉴、取资，让杭州不仅拥有辉煌的过去、璀璨的今天，还将拥有更加美好的明天！

是为序。

王国平

2012年10月

西湖全书序

古老而时尚的杭州，早已以“天堂”的盛誉闻名于世。而天堂里的阆苑仙葩，则毫无悬念地非西湖莫属。作为杭州一张响当当的金名片，经过近两千年的辛勤开发，西湖秀美的湖光山色，悠远深厚的文化内涵，丰富延续的文化传承，真实厚重的文化史迹，多彩包容的人文价值，雅俗共赏的文化品位，早已使其成为具有杰出精神栖居功能的文化名湖，并以独特的文化景观被世人认同、称道、仿效和熟知。她成了唐宋以降中国文化精英和包括东亚地区众多文化交流学者魂牵梦绕的文化圣地。如果说一个城市历史文化品格的延续，决定于其文化传承的完整和深广的话，那么历史对杭州西湖简直是太垂青了。世世代代灿若繁星的文化名人和活跃于巷尾街头的说唱艺人，在西湖文化的浸淫和抚慰中，将西湖的文化基因安排得传承有序、载籍丰衍、研究深入、考辨有据。2011年，幸运之神再次降临杭州西湖。西湖以无与伦比的千姿百态，赢得了世界文化遗产委员会全体委员的青睐，获全票通过，成为了中国乃至世界上第一个以“文化名湖”申遗成功的世界文化景观遗产。

西湖的申遗成功，将西湖的知名度、美誉度推向一个新的高度。作为西湖文化最前沿和最直接的守望者、捍卫者和传承者，我们西湖学研究院全体同人，义不容辞地承担起更庄重的责任，作出更严肃的承诺，立誓要有更多的贡献。记得本世纪初，当西湖申遗工作正式展开的号角，刚吹彻西湖碧水蓝天一色的空袤中，向世界庄严宣示杭州人民申遗决心的时候，我们就在市委、市政府的领导下，积极开展和推动了西湖学的研究，并取得了不少成果。陆续编辑出版了《西湖文献集成》30册，在得到领导、社会和专家首肯和好评的同时，并为西湖申遗文本的撰写工作提供了众多实证和资料，助了申遗专家的一臂之力。同时，我们还将有鲜明特色、雅俗共赏的54种《西湖丛书》呈现在广大读者面前，它们有卖点、有市场，获得颇佳的社会口碑。更值得我们欣慰的是，经过十余年孜孜不倦的努力，我们在推出众多研究成果的同时，还在西湖学研究院周围，集聚了一批高水准的专业人才，并将西湖学的研究推向了社会，推向了境内外，使西湖学这门既充溢着浓烈杭州乡土特色又具有广阔视野、研究价值的学科，得到了众多优秀人士的关注、理解和支持，为今后西湖学的深入研究和开展奠定了坚实的基础。

千里之行，始于足下。昨天的成绩，已成为历史的印迹和记忆。朝霞每一天都是新的，新时代的新使命已又一次向我们召唤。我们要做西湖文化的薪火传人，责无旁贷地承担起西湖文化研究的职责。为此，我们将以更大的热情、更坚定的决心，把包括《西湖丛书》、《西湖文献集成》、《西湖研究报告》、《西湖通史》、《西湖辞典》五大组成部分的西湖全书，以不同定位、不同侧重、不同韵味的编撰方式，全方位、多角度地展示西湖之美，并以期早日编辑完成，将西湖学的研究成果贡献给社会。这就是今天我们陆续编辑出版这套西湖全书时最真实的心声。诚然，我们虽持有极大的信心，亦作了最认真的努力，但囿于我们的水平，可能还有不少值得商榷之处，因此，我们衷心祈盼各界人士能不吝指正。我们期盼着！

是为序。

目录

林和靖梅妻鹤子

杭州，西湖。秋雨飘洒，如丝如雾。翩翩如绸带，盘绕在未败的荷花周围；纷纷如轻语，微微拨弄着萋萋芦苇。朦朦胧胧中，时不时飘下一片枯黄。黄叶落在停驻的足尖，与细雨共缠绵；落在湿润的泥里，只为来年花更红；落在泛起涟漪的湖上，悠悠打着转，越来越远，漂向更远的地方。

雨收，天晚。一阵清风吹来，轻轻掀开了月的面纱，夹杂着水的味道，带来了草木的芬芳。月白风清，桂影婵娟，皆是琼筵，正是中秋好时节。秀丽青山辉映，如镜明月新磨。空气中弥漫着桂子清香，湖上荷花间，岸边芦苇丛，游出一叶小舟。船上放两壶清酒，透一点微光。但见舟中那几人，时而痴痴醉语，突地放声而歌，忽又开怀大笑。其中一影，野袍白帻，风仪秀朗，醉卧如玉山倾倒……

北宋初期的西湖孤山一带，远离城市、人迹罕至，幽旷静谧、清疏苍雅，溪山相枕、寒梅接云，自有文人墨客倾情于此，视其为隐逸佳地和精神家园。宋代著名文人林逋就曾隐居于此，种植梅花，饲养仙鹤，终身未娶，以梅为妻，以鹤为子，人谓之曰“梅妻鹤子”，至高至雅，至情至性，谱写了专属清高与隐逸的千古佳话。

林逋（967—1028），字君复，钱塘（今浙江杭州）人。《宋史·隐逸传》说他是孤儿，从小好学，早岁漫游江淮间，中年后结庐隐居西湖孤山，治学不仕。他性情恬淡好古，不趋荣利。家贫，衣食不足，却能安详自在。他曾以诗明志：“未许尘埃来几席，不妨贫病是湖山。文章自问难追古，光景无多肯负闲。”他不娶妻室，以梅鹤为侣，茶诗自娱，时称“梅妻鹤子”。相传他曾20年足迹不及城市，与陈抟、种放、魏野并称北宋初期四大隐士，又与魏野合称当时名声最大的隐逸诗人。

林逋虽是隐士，却享有盛名，时有名公显宦、地方官员相过访，更多有诗相酬唱，甚至有“山中宰相”之称，一时声望无双。宋真宗闻其名，征之却不就，于是赐号“和靖处士”，还赐给他很多粟帛。他死后，宋仁宗又赐谥“和靖先生”，成为由皇帝赐封的隐士。于是就有人说林逋是假隐士，说他仕进之心不息。尤其是仁宗天圣年间（1023—1032），杭州知州王随亲至林逋居所拜访，还替他重建庐舍，有巢居阁、放鹤亭、小罗浮等处。后世有人因此以为林逋开了后来江湖山人、清客的先声。

林逋擅书善诗，可惜他对自己的诗并不看重，诗稿常随写随丢，以为性情心境与山水景致欣然有会，不能自已，聊托诗以发之而已，而且自己正欲晦迹林壑，不欲以诗名一时，何况后世？所以存诗不到所作十分之一，但所幸流传下来的300余篇诗作多为精品。因为他是清静无为的隐士，湖上岁月悠长，所以能真切、细致地描画出西湖之美。他的山水诗篇既有陶渊明意境浑融的意味，也有谢灵运及贾岛、姚合等人雕琢求精的格律和字面，往往是看似平淡，却多奇句，充溢着奇崛的情趣和精致的技巧。

林逋隐居湖上时，西湖荒寂野逸的风貌还保存得很好，那是西湖最后的山林时代。当时的孤山，兀立于湖中，碧波澄明环绕，风致绝胜湖畔诸山，却也还很荒凉，没有华丽的园林，只有林逋茅屋竹舍数间。朝朝暮暮身处于静谧的湖山之中，身为西湖主人而非过客，看尽西湖四季风色，不浮不躁、舒缓安详地与山色空

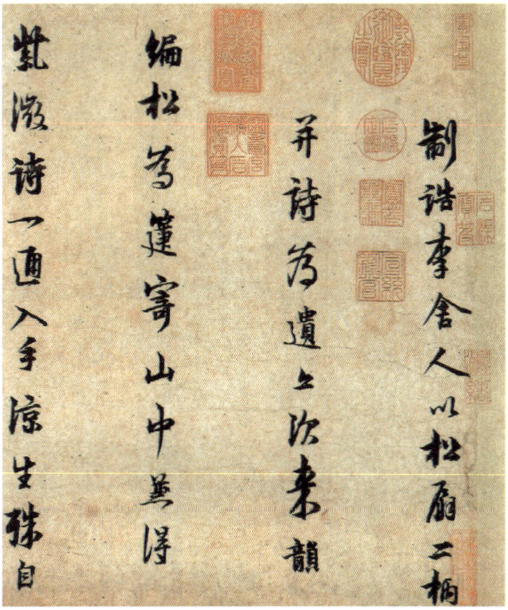

林逋手迹

寂、湖光空明相伴，造就了林逋独特的孤洁气质、清雅情趣和旷达情怀，还有他清气逸发、莹无尘想的诗篇。

林逋爱梅成痴，在孤山绕屋遍种梅花。孤山以梅花著名，被称为梅花屿，即从此时始。林逋日日徘徊梅树下，所得咏梅佳句极多，其中最有名的自是《山园小梅》中的“疏影”“暗香”两句。《山园小梅二首》（《宋诗纪事》卷一〇题作《梅花》）其一写道：

众芳摇落独暄妍，占尽风情向小园。
疏影横斜水清浅，暗香浮动月黄昏。
霜禽欲下先偷眼，粉蝶如知合断魂。
常有微吟可相狎，不须檀板共金尊。

其中“疏影横斜水清浅，暗香浮动月黄昏”一联，可以说把梅花的气质风韵写尽写绝，这是对梅花的赞赏，也是作者“弗趋荣利”“趣向博远”思想感情、高尚人格的自我写照。北宋大文豪欧阳修对此评价极高，《归田录》卷下说：“评诗者谓：前世咏梅者多矣，未有此句也。”此论一出，这两句诗就被后世视为咏梅绝唱。《四库全书总目提要》卷一五二评价说：“其诗澄澹高逸，如其为人。”后世“孤山探梅”这一西湖民俗活动的形成，无疑也同林逋及其诗歌有关。

除了梅花，林逋的白鹤更能代表其旷达飘逸之心、仙风灵性之象。据说他所养的两只白鹤能通灵性，林逋称它们“此犹吾子也”。林逋常遨游湖山，竟日不归，殊无定迹，如他常泛小艇，游西湖诸寺，与西湖僧人交往。此时，如有访客到，则先由家童出来应门，请客人坐下，然后放出一鹤。白鹤展翅升空，久久盘旋空中，并发声长唳，清亮的声音响彻湖山间。林逋无论在西湖何处，都会知道有客来，掉棹归来。而他与客人饮酒吟诗时，两只白鹤也似能听懂，鸣声起舞。

作为第一个细读西湖、深得西湖之心的本土诗人，林逋开西湖诗境的功劳不在白居易之下，他的清幽诗风也可矫正白诗的艳媚。同是写春天之湖景，隐居孤山的隐士林逋在《西湖》诗中说，“春水净于僧眼碧，晚山浓似佛头青”，以为西湖像一位老僧。同是青山绿水，他的诗呈现了黄昏时湖山间空灵幽逸的境界，自有别于白居易眼中笔下之湖光山色。他的山水诗还多取人文意象作比，“佛头青”不是一般的深青色，而是绘画专用的石青。善画的林逋用之，是随意得之，是以浑然天成，却也不无故意求雅的用意。再如他的《孤山寺端上人房写望》诗云：

底处凭阑思眇然，孤山塔后阁西偏。
阴沉画轴林间寺，零落棋枰葑上田。
秋景有时飞独鸟，夕阳无事起寒烟。
迟留更爱吾庐近，只待重来看雪天。

这首诗写的是西湖秋天的暮色，清冷的景色与孤山、独鸟、寒烟相搭配，呈现出的是一幅淡泊清高的景象，正如林逋本人一般。又如他在《孤山后写望》一诗中，描绘西湖就像一幅文人水墨画。诗云：

水墨屏风状总非，作诗除是谢玄晖。
溪桥袅袅穿黄叶，樵斧丁丁斫翠微。
返照未沉僧独往，长烟初淡鸟横飞。
南峰有客锄园罢，闲倚篱门忘却归。

这首诗意境深幽，诗中写水墨屏风的状态总是不同，作诗的风貌除了谢朓再无其他。溪水与小桥之间，袅袅炊烟，穿过黄色的树叶，远处砍樵的斧头丁丁作响，在翠微之间。“长烟”与“淡鸟”，“南峰”与“锄园”都是清丽的意象，诗人沉醉在这景色中，闲时倚靠在篱笆门上而忘记了归去的路。

董其昌《林和靖诗意图轴》

再如他的《湖楼晚望》《西湖舟中值雪》《西村晚泊》，也多写黄昏、秋色、雪日、水中等景。作为隐士的林逋，写隐居湖上悠然所见，与白居易等游历诗人游赏的一时惊艳自是不同。陌生则惊喜，宛如曹植见洛神的颠倒无措；熟悉则从容淡定，如与知交相对，诗径更宽。林逋身为隐士，还喜与湖上僧侣交往，又学贾岛、姚合的中晚唐体，正如苏轼说他“诗如东野不言寒”（《书和靖林处士诗后》），偏爱清冷之境，与白居易亦有不同。

林逋之后，“西湖十景”“钱塘十景”中有了“断桥残雪”“孤山霁雪”等名目，虽然欣赏这种清寒之景的雅人还是少数，西湖诗中写雪景、秋景、夜景，湖上风烟雾霭、细雨轻阴或野鹜、寒鸥等清幽孤寒意境、意象者却渐多。如宋代释道潜《秋日西湖》诗云："飞来双鹭落寒汀，秋水无痕玉镜清。疏蓼黄芦宜掩映，沙边危立太分明。"

总之，在西湖诗词中，林逋开创了"西湖如隐士"的意象体系，是最早的本土隐逸诗人。虽然西湖在六朝五代即为隐士高僧的渊薮，林逋却是湖上首位著名的隐士诗人。他远承上古许由等太古逸民人格，还有东晋葛洪、南朝谢灵运等乱世隐士高逸风范，并融通白居易、姚合等人的"中隐"思想，集前朝西湖隐士传统之大成，塑造、奠定了"西湖隐士"的范式，对后世苏轼、姜夔等仕隐诗人与寄寓湖上的江湖诗人以及元明清本土隐逸诗人都有深刻影响。

林逋于西湖山水和文化的独特意义还在于，作为北宋初的晚唐体与山水诗人，他不仅学陶渊明、谢灵运等人的六朝山水诗风，也学姚合等人的晚唐诗风，致力于山水诗，并形成了平远、清旷、空灵、闲雅、幽逸、深邃的山水诗风格。他更以自己的人格、诗章，还有许多高雅逸事，营造了一个西湖上的诗意世界，与他所寓居的孤山山水共同成为后世文人美好的隐逸梦想。他是北宋"崇雅"文化的一部分，也是西湖雅文化的重要组成部分。

林逋晚年时，在孤山的东北角住处旁边自造坟墓，并作有绝句《自作寿堂因书一绝以志之》：

> 湖上青山对结庐，坟前修竹亦萧疏。
> 茂陵他日求遗稿，犹喜曾无封禅书。

诗中说自己一生布衣处士，自得宁静心境。西湖上的一座青山便是孤山，林逋在孤山上结庐隐居，这是他与西湖故事的开始。待到将要离去，也要修墓在这孤山上，永远与西湖为伴。据说他去世前，曾抚摸白鹤说自己欲别去，自此以后，南山之南，北山之北，任鹤自来自往；又对梅林说，数十年来享梅之清供足矣，从此请梅花自舒自放。

林逋去世后，遂葬于此地。据说白鹤在他逝后不久双双泣血而死，后来他的坟墓边就有了鹤冢，旁边还有放鹤亭，中有清康熙帝摹写董其昌所书南朝诗人鲍照《舞鹤赋》。而梅林依旧。“梅林归鹤”还是清代“西湖十八景”之一。

林逋墓的保护，还遭到过一些坎坷。南宋绍兴十六年（1146），此地建四圣延祥观，尽徙寺院及士民之墓，林逋墓因有宋高宗的诏书得以保存。咸淳年间（1265—1274），贾似道题石曰“和靖先生墓”，命金华王庭书之。后人推重其风节，常到此凭吊。如时人高翥《拜和靖墓》诗曰：

玉函香骨老云根，占断孤山水月村。
荐菊泉清涵竹影，种梅地冷带苔痕。
生前已自全名节，身后从谁问子孙。
惟是年年寒食日，游人来与酹清尊。

元世祖时，杨琏真加发掘南宋诸帝陵。是时，林逋墓亦被掘。据陶宗仪《辍耕录》一书记载：“至元间，释氏豪横，改宫观为寺，削道士为髡。且各处陵墓，发掘殆尽。孤山林和靖处士墓，尸骨皆空，惟遗一玉簪。时有人作诗以悼之曰：生前不系黄金带，身后空余白玉簪。”被掘以后，林逋墓和祠堂残破，“一碑镌‘和靖先生墓’五大字，仆草中”。然而，元代很多文人、艺术家在游览西湖时，都要去孤山上的林逋墓、祠凭吊。苍苔封了岁寒枝，翠袖闲来日暮时，黄昏说尽平生事。西湖林处士，想当年鹤骨松姿，花下孤山寺，水边新月儿，慰我相思。长桥卧柳枕苍烟，远水揉蓝洗暮天，画图千古西施面。相逢越少年，问孤山何处逋仙？据原籍杭州、当时居住在平江（今江苏苏州）的赵元祐说，数年以后，“闻又荒落，何贤者之不幸哉！”“伤心谁问林逋宅，零落残梅共晚春。”张昱的诗句，正是元代林逋墓、祠再度荒废的写照。

调梅图

林逋一生志行高洁，与梅花、白鹤为伴，写下了大量西湖山水诗篇，为西湖增添了文化的亮色，其高洁的品质和风骨将永远留存世间。因此，历朝历代许多文人与艺术家在游览西湖之时，都要去孤山上凭吊林逋。林逋俨然已经成了一种文化象征，代表着西湖山水的隐逸之趣。

林逋在西湖的隐居生活，不仅为杭州留下了许多动人的诗篇，也留下了仙风道骨、清逸雅致的岁月静好。他离世后，仍然寓居在这青山秀水之间，与西湖为伴，与梅鹤为伴，着实是一段西湖隐逸佳话。宋代沈括的《梦溪笔谈》中是这样记述林逋生活的：

林逋隐居杭州孤山，常畜两鹤，纵之则飞入云霄，盘旋久之，复入笼中。逋常泛小艇，游西湖诸寺。有客至逋所居，则一童子出应门，延客坐，为开笼纵鹤。良久，逋必棹小船而归。盖尝以鹤飞为验也。

隐逸之趣，清雅之志，大抵如此。西湖山水与林和靖就这样相得益彰，惺惺相惜。

柳永名篇《望海潮》

东南形胜，三吴都会，钱塘自古繁华。烟柳画桥，风帘翠幕，参差十万人家。云树绕堤沙。怒涛卷霜雪，天堑无涯。市列珠玑，户盈罗绮、竞豪奢。　　重湖叠巘清嘉。有三秋桂子，十里荷花。羌管弄晴，菱歌泛夜，嬉嬉钓叟莲娃。千骑拥高牙，乘醉听箫鼓，吟赏烟霞。异日图将好景，归去凤池夸。

宋代柳永这篇《望海潮》名作中所赞美的“钱塘”，指的就是今日的杭州。杭州的繁华，应该说与西湖有很大关系，西湖倚杭州而崛起，杭州因西湖而名扬天下。千百年来，不知有多少贤达高士为之讴歌，而柳永的《望海潮》可以称得上是其中最脍炙人口的千古绝唱之一。

柳永（约984—约1053），原名三变，字景庄，后改名柳永，字耆卿，因排行第七，又称柳七，崇安（今属福建）人。北宋著名词人，婉约派代表人物。柳永出身官宦世家，少有功名用世之志。柳永可以说是个天才，10岁能文，13岁能诗，17岁能词，轻轻松松赢在了人生起跑线上。柳永不仅词写得好，同时长相俊美、风度翩翩。可以说，柳永是当时人们心中翩翩君子的楷模。然而，上帝从来不会过分地宠爱一个人，柳永的科考与仕途之路却坎坷不已。北宋咸平五年（1002），柳永离开家乡，流寓杭州、苏州，沉醉于听歌买笑的生活之中。大中祥符元年（1008），柳永进京参加科举，屡试不中，遂一心填词。景祐元年（1034），柳永暮年方及第，历任睦州团练推官、余杭县令、晓峰盐监、泗州判官等职，以屯田员外郎致仕，故世称柳屯田。金庸说，人生就是大闹一场，悄然离去，这句话用在柳永身上毫不为过。

史书曾云，柳永进京赶考时曾路过当时的杭州，即被杭州当地富庶与美丽所吸引，于是一气呵成写下这首名篇《望海潮》，盛赞眼前之盛景，柳永也因此一时名声大噪。三吴都会、烟柳画桥、市列珠玑……词作极状当时杭州的都市繁华之景。相传当时金主完颜亮读到“三秋桂子，十里荷花”时，顿时惊得说不出话来，他不相信这世上竟然有如此仙境。他特地派人来绘了一幅画，并在图中的吴山上加一个自己的立像，取名为“立马吴山”。他想，这么美的地方，即使有，也应该为他所有。于是完颜亮立马率60万大军，悍然挥鞭渡江、挥师南下。因为一首诗引发的一场战争，不仅前无古人，更后无来者。虽此说无确证，但从一个侧面说明柳永这首名作影响力之大，富有强大的生命力。

稍早于柳永的词人潘阆，也曾作有代表作《酒泉子》词10首，追忆杭州与西湖之景。其三云：“长忆西湖，湖上春来无限景。吴姬个个是神仙，竞泛木兰船。楼台簇簇疑蓬岛，野人只合其中老。别来已是二十年，东望眼将穿。”柳永的《望海潮》与潘阆之词相较，不仅内容更丰富多面、通俗入世，而且有从“造情境”到“写实境”之别。如将潘阆、柳永两人的词作一比较，可见此时西湖词客视线的一大变化，即从山林转到了城市和园林。

杭州，古称临安、钱塘。杭州自秦朝设县治以来已有2200多年的历史，曾是吴越国和南宋的都城，因风景秀丽，素有“人间天堂”的美誉。杭州得益于京杭大运河和通商口岸的便利，以及自身发达的丝绸和粮食产业，历史上曾是重要的商业集散中心。隋代开通大运河以后，杭州一跃而“咽喉吴越，势雄江海”，确立起了它在整个钱

〔宋〕《歌乐图》（局部）

塘江下游地区的交通枢纽地位。正所谓“地有湖山美，东南第一州”。

柳永在人们心中一直都是一个终日流连于烟花巷的流行歌曲作词人。然而这首《望海潮》，却是他人生中为数不多的干谒词。据罗大经《鹤林玉露》记载，时任杭州两浙转运使的孙何是柳永的故友。而此时的柳永一直漂泊流浪、怀才不遇，得知好友孙何在杭州做官，便赶去拜谒。无奈孙何门禁甚严，柳永只是一介书生，当然被拒之门外。于是柳永写了这首词，请了当地一位著名的歌女，吩咐她说：如果孙何在宴会上请她唱歌，不要唱别的，就唱这首《望海潮》。后来，这位歌女在孙何的宴会上反复地唱这首词，孙何被吸引，就问这首词的作者，歌女说是你的老朋友“柳三变”所作（那时柳永还没有改名）。于是孙何就请柳永吃了一顿饭，之后就把他打发走了，也没有提拔他。尽管如此，柳永却还是因这首词而名声大噪。

虽是干谒词，但这首《望海潮》却真真切切地描绘了杭州的壮丽与繁华，海潮的波澜与壮阔。作为文人墨客笔下都偏爱的杭州，在柳永笔下却别有一番风景。这首词艺术构思上匠心独运，上阕写的是新兴大都市杭州人口众多、市场繁荣的市井风情；下阕写西湖美景，也写了市民嬉游湖山的盛况，以点带面，明暗交叉，铺叙晓畅，形容得体。其写景之壮伟、声调之激越，与东坡亦相去不远。难怪宋陈振孙《直斋书录解题》评价道：承平气象，形容曲尽。柳永虽是精工于婉约派，但这首词却是柳式豪放的代表之作。

柳永明明是一个意气风发、有报国理想的读书人，却被皇帝一句“属词浮糜”而耽误了终身。据《古今词话》记载，宋仁宗圣寿，柳永作《醉蓬莱》一词得罪于他，仁宗谓：“此人不可仕宦，尽从他花下浅斟低唱。”柳永从此不得重用。落榜的柳永一开始很郁愤，但之后他想开了，用“万种思量，多方开解”安慰自己，这在重文轻武、以文取仕的宋朝可是突破性的见解。于是柳永化愤怒为力量，开开心心、大大方方地写上“奉旨填词柳三变”，然后写了这首著名的《雨霖铃》，就与自己的情人离别了，之后便一直以在烟花之地填词为生。人人都说柳永此后沉迷于烟花柳巷之中，而谁又能看出他背后的不幸与无奈呢?

柳永被下发到基层，深入了解了民间疾苦和风尘女子背后的辛酸苦楚。因此，他的诗词备受风尘女子喜爱，自然也在民间声望很高。于是也就有了“凡有井水处，即能歌柳词”一说。柳永越是在基层声望高，就越有高层看他不顺眼，认为他的词俗不可耐，难登大雅之堂。而柳永自己却不以为然，他骨子里的浪漫和清高认为，就算只是一介白衣，也比枉有浮名、当个蛀虫好得多。于是他开开心心地奉旨填词，在之后的生活中赢得了友谊和尊重。

然而，虽然柳永自诩为“白衣卿相”，心里不屑浮名，却始终在科举门前徘徊。所以所谓的“白衣卿相”也不过是在不得志时的牢骚罢了。其实从柳永《望海潮》等词作中可以感受到其虽不得重用，但却并不甘沉于下僚的心态。

命运总是充满未知与转折，在他第五次科举时，宋仁宗亲政，放宽录取政策，他和哥哥柳三接一起考取了进士之位。只是柳永已到暮年，终究还是没得到皇帝的重用。最后还因为得罪朝官，被罢了官职。最后，他只得继续专心“奉旨填词”。

学界认为：柳永是第一位对宋词进行全面革新的词人，也是两宋词坛上创用词调最多的词人。柳永大力创作慢词，将敷陈其事的赋法移植于词，同时充分运用俚词俗语，以适俗的意象、淋漓尽致的铺叙、平淡无华的白描等独特的艺术个性，对宋词的发展产生了深远影响。柳永也是北宋

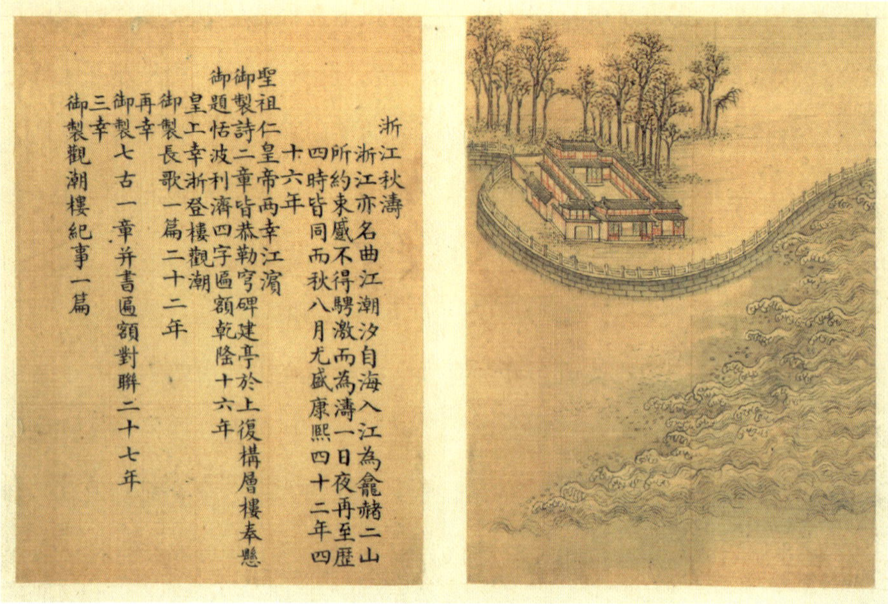

浙江秋涛

以来第一个专业词人，创作了大量慢词反映了广泛的社会内容，尤其是中下层缙绅文士和市井细民的生活在他的词中得到了充分的体现。这首《望海潮》就是典型的慢词，充分发挥了铺叙的特长，既可总叙，又可分写，既可粗笔勾勒，又可细笔描摹，极尽铺张排比之能事。这首词所描绘的杭州盛况，每一帧都极其奇妙，耆卿用视野的转换，又用色彩明丽的词语，二者相辅相成，勾勒出杭州的繁华。从开篇的“杭州俯视图”到中间的“钱塘江潮涌图”，杭州如变幻的明珠一般，吸引着人们的目光；从“湖山全景图”到“市民游乐图”，让读者既看到了世俗的快乐，也看到了文人的风流雅致。

柳永的词，人们一直给予很高的评价。李清照说：“有柳屯田永者，变旧声作新声，出《乐章集》，大得声称于世。”苏轼曾言：“人皆言柳耆卿词俗，然如‘渐霜风凄紧，关河冷落，残照当楼’，唐人佳处，不过如此。”柳永在苏轼心中一直有很高地位，甚至在一次玉堂集会时，他问善歌的幕者：“我词何如柳七？”幕者答道：“柳郎中词，只合十七八女郎，执红牙板，歌‘杨柳岸、晓风残月’；学士（苏轼）词，须关西大汉、铜琵琶、铁绰板，唱‘大江东去’。”可见柳永之词，达到了与苏东坡媲美的地步。

柳永虽一生仕途坎坷，但他尊重女性、不与世俗同流合污的性格与胸怀却一直为人所传颂。可以说，柳永给后人留下的，不仅只是他的诗词作品，更有他独特的性格特点和人文主义精神。他的歌妓词具有深刻的、超越前人的社会美学意义。在柳永之前，对女性尤其是风尘女子持平等态度的极为罕见。唯有柳永在他后期的歌妓词中毫不隐晦地表达出他对歌妓们的同情、爱慕，甚至是理解。

因此，柳永死后，“众名妓吊柳七”的故事一直流传于文人笔记之中。如《岁时广记》有“其后遇清明日，游人多狎饮坟墓之侧，谓之吊柳七”，《独醒杂志》卷四以及《芥舟撮记》等笔记中亦有相关记载，进一步突出了柳永形象的传奇色彩。《众名姬春风吊柳七》便是冯梦龙《喻世明言》中的一篇，改编自明洪楩刊刻的《清平山堂话本》中的《柳耆卿诗酒玩江楼记》，可见柳永作为独特的艺术形象具有现实主义的价值。

一首《望海潮》留下的不仅仅是对杭州的赞美，更表达了一个白衣书生对报国的渴望和怀才不遇的不满。因此从某种意义上说，柳永是一个不朽的传奇，他也确实活出了金庸理想的“大闹一场，悄然离去”的生命最饱满的形态。纵观柳永一生，虽离经叛道，为社会主流所不容，但始终保持真诚善良。回顾过去，在一轮轮朝代更替中，就算是帝王将相也无法像柳永一样，在那个薄情特殊的年代，活出了最真实的自我，他是百姓心中的无冕之王。

秦观西子湖交游

西湖环岸皆招提，楼阁晦明如卧披。
保宁复在最佳处，水光四合无端倪。
车尘不来马足断，时有海月相因依。
上人弱龄已隶此，心目所证惟瑰琦。
白玉芙蓉出清沼，天然不受缁尘扰。
坐客一语不入意，目如明星视飞鸟。
冠切云兮佩玉难，上人顾之真等闲。
应缘聊入人间世，兴尽却归湖上山。
伊余久欲窥禹穴，矧今仲父官东越。
行挽秋风入剡溪，为君先醉西湖月。

这首诗是宋代诗人秦观所作的《送僧归保宁》，诗中的水心保宁寺便是如今西湖三潭印月的前身。最早，这里是人工堆叠而成的水上陆地，五代晋天福中建寺，名“水心寺”，著名高僧绍岩曾在此修禅。宋初又得御赐寺额，称“水心保宁寺”。僧俗多到此放生，郡守沈文通建好生亭。秦观诗中有云，“西湖环岸皆招堤，楼阁晦明如卧披。保宁复在最佳处，水光四合无端倪。车尘不来马足断，时有海月相因依”，正是描绘了三潭印月作为“西湖十景”之一的奇秀风景以及岛上的赏月风俗。正所谓“湖中有岛，岛中有寺”，秦观为我们展示了一派“湖与月相依、三潭印明月”的清幽缥缈之景。回顾秦观的一生，他与杭州称得上是颇有缘分，冥冥之中似乎有着一根剪不断的丝线将他们牵连。

秦观（1049—1100），字少游，又字太虚，号淮海居士，高邮（今属江苏）人，“苏门四学士”之一。提到秦观，说得最多的便是他的词，秦观与宋词总是有着密不可分的关系。一首《鹊桥仙》写得是那样哀婉动人，

“两情若是久长时，又岂在朝朝暮暮”安抚了多少情侣求而不得、缠绵悱恻的心；一首《踏莎行》“郴江幸自绕郴山，为谁流下潇湘去”，则将词人遭受流放、前途渺茫、孤独寂寞、思念家乡的愁绪描绘得淋漓尽致。

秦观的词多写男女爱情和身世感伤，风格轻婉秀丽，深受欧阳修与柳永的影响，是婉约词的代表作家之一。《宋史》评为“文丽而思深”；敖陶孙《诗评》说，“秦少游如时女游春，终伤婉弱”。其实秦观亦有诗才，但被自己的词名所掩。另一方面，同时代的诗人苏轼、黄庭坚、陈师道的表现更突出，以至于“诗名殊不藉藉”。秦观才气冲天，长于议论，慷慨于文词，以诗见赏于王安石，有《淮海集》40卷、《淮海后集》6卷、《淮海长短句》3卷行于世。策论军事亦多有涉猎，并且有所成就，散文更是一绝，令人叹为观止。

秦观在杭州为西湖写了不少诗文，如《雪斋记》《龙井记》《龙井题名记》《录龙井辩才事》等，文笔优美、描写细致。其中《龙井题名记》云：

元丰二年，中秋后一日，余自吴兴来杭，东还会稽。龙井有辨才大师，以书邀余入山。比出郭，日已夕，航湖至普宁，遇道人参寥，问龙井所遣篮舆，则曰：“以不时至，去矣。”

是夕，天宇开霁，林间月明，可数毫发。遂弃舟，从参寥策杖并湖而行。出雷峰，度南屏，濯足于惠因涧，入灵石坞，得支径上风篁岭，憩于龙井亭，酌泉据石而饮之。自普宁凡经佛寺十五，皆寂不闻人声。道旁庐舍，灯火隐显，草木深郁，流水激激悲鸣，殆非人间之境。行二鼓，始至寿圣院，谒辨才于朝音堂，明日乃还。

那是元丰二年（1079）中秋节的次日，秦观从吴兴赶回会稽，途中要经过杭州。龙井有一位法号为“辨才”（即辩才）的大师，早就耳闻秦观的大名，想要一睹尊颜。辩才得知秦观经过杭州，便遣了一名小和尚给秦观送了一封书信，以求能够与秦观在龙井山一叙。秦观本就生性豁达，酷爱交友，而且这时的秦观因为仕途不顺，心里亦有太多的苦闷，实在不吐不快。加之辩才的高尚品行与智慧通达，秦观早已有所耳闻，内心也想与其结交。于是秦观接到辩才的书信稍作歇息之后，便上了龙井山。

二人一见面，大有一见如故、相见恨晚之感。他们从诗词歌赋聊到佛道禅学，从阳春白雪聊到下里巴人，此情此景正应了那句话“酒逢知己千杯少”。辩才为秦观的渊博知识所钦佩，十分欣赏秦观的才识，年纪轻轻便有如此见地，后生可畏也。秦观亦为辩才的通透智慧所折服，辩才的机智与通达的话语，告慰了秦观那些天的苦闷与不安，一扫心中的阴霾。等到秦观出城的时候，太阳已经下山，而龙井可供遣使、雇用的竹轿也都已歇业了。偶遇道人道潜（字参寥）。道潜（1043—1106），本姓何，字参寥，赐号妙总大师，於潜（今属浙江杭州市临安区）浮村人，北宋诗僧。他自幼出家，内外典无所不读，能文章，尤喜诗，与苏轼、秦观诸人交好，著有《参寥子诗集》。元祐中，住杭州智果禅院。因写诗语涉讥刺，被勒令还俗。后得昭雪，复削发为僧。参寥建议秦观说，天色已晚，不如明早再赶路。西湖夜色极美，实不可辜负！秦观欣然应之，与参寥同往西湖。

当天晚上，天空晴朗，月光皎洁。夜色微凉，一阵微风吹过，夹杂着八月淡淡的桂花香，袭上人们的心头，如慈母的手一般，温柔地安抚了人们心头的不安。风吹起树叶，在空旷寂静的夜里飒飒作响。如果说白天的西湖是属于大家的，那么夜晚的西湖则是属于自己的。人与西湖融为一体，早已分不清何为西湖、何为自己了。寂寞的夜晚使西湖更添韵味、更具灵性，引起人们的无限遐想。那晚的月光出人意料的亮，甚至能够看清人的头发丝。西湖的夜景是如此让人心动，秦观不禁暗暗称道，幸好当天晚上留了下来，不然错过如此美景，实在是可惜啊！

秦观与参寥拄着拐杖沿着西湖边缓缓走着，如在白昼里行走一般。两人窃窃私语着，不敢做高声语，唯恐惊醒了这正沉沉入睡的西湖。不知不觉间，已经过了雷峰塔。与白天的清朗风格不同，夜晚的雷峰塔，在夜色的笼罩里，更添了一丝的肃穆与庄重。秦观与参寥继续往前走着，渡过南屏一带，一条溪流出现在他们面前。“好美的溪流！”秦观暗叹。溪水潺潺地流着，不徐不疾，十分惬意。月光与水流交融，波光粼粼，煞是可爱。溪流裹杂着两边的岩石，不时撞击着岩石，发出轻微的嗒嗒嗒之音，十分俏皮可爱。参寥轻声告诉秦观，此溪名为“惠因涧”。秦观看着这如此令人怜爱的溪涧，顿时风情大发，与参寥一起褪去鞋袜，涤足于溪流中。二人相视一笑，仿佛回到了儿时无忧无虑的时光。因了这撩人的夜色，因了这动人的西湖，因了这令人忘忧的溪涧，索性再做一回少年吧！

蓝瑛《雷峰塔》

离开惠因涧，继续往前走，便进入灵石坞。影影绰绰之间，秦观与参寥发现了一条小路，这条小路弯弯曲曲，十分狭窄，两个人几乎不能并肩齐行。秦观便与参寥一前一后地走着，就着这条小路，两个人爬到了风篁岭。风篁岭上有一个十分雅致的小亭子，名唤“龙井亭”，专供游人歇息。月光下的龙井亭显得那样安静，如怀春的少女一般矜持而美丽。秦观与参寥进入龙井亭，坐在石凳上稍作歇息，石凳微凉，沁人心脾。龙井亭的旁边便是股股山泉，山泉干净清爽。秦观随手舀起泉水便喝，不拘小节，一派风流姿态，山泉果然甘甜。

秦观与参寥二人从普宁到龙井亭共经过了15座佛寺。这一路上都非常安静，整个西湖仿佛是一个在摇篮里熟睡的婴孩。没有什么人说话，远处偶尔会有犬吠声，草木深处的蛐蛐有时会因不甘寂寞，伴着月光发出悉悉索索的声音；路两旁的树木长得很茂盛，郁郁葱葱、生机勃勃；有的地方水流得很急，发出悲怆的声响，令闻者黯然神伤，不敢稍有停留。如此良辰美景，犹如仙境一般。秦观每每想起这天晚上，都会有一种错觉，觉得那一夜离自己好遥远，疑心那一夜只是自己宿醉时做的一场梦罢了。

秦观与参寥交往甚多，在现存的《淮海集》中，录有参寥酬答和唱的诗达10多首，也保留了多首参寥的原诗。

秦观与苏轼的关系亦十分要好，关于二人的交往还有一个小故事。相传，当时的苏东坡正在徐州任知州，有一天，秦观听说苏东坡要去扬州游玩，于是他灵机一动，跑到扬州一座著名的寺庙中，模仿苏东坡的文风和笔迹，在寺庙墙壁上挥笔写下一首诗，还题了苏东坡的名字。苏东坡看到后，大吃一惊，他绞尽脑汁也想不起来自己何时来过这里。同行的还有扬州知州孙觉，即黄庭坚的岳父，也是秦观的老相识。当他送上秦观所写的数百首诗篇后，苏轼顿时醒悟道：原来在寺壁上写诗的人，是这小子！这番小心机苏轼并不反感，还当下将才华横溢的秦观收为弟子。

作为与杭州有着深厚渊源的东坡居士的徒弟，秦观与杭州的缘分也悄然成熟。他曾写下《游杭州佛日山净慧寺》，诗云：

五里乔松径，千年古道场。
泉声与岚影，收拾入僧房。

而可能与其同游的苏轼也写有《游佛日寺》：

佛日知何处？皋亭有路通。
钟闻四十里，门对两三峰。

元丰二年（1079），发生乌台诗案，苏轼下狱。秦观写下了《东坡守杭》一诗：

十里荷花菡萏初，我公所至有西湖。
欲将公事湖中了，见说官闲事亦无。

秦观的一生可谓命途多舛，开头美好，结局却潦草无比。他自幼聪慧，小小年纪便博览群书，年少成名，令多少人艳羡。这样踌躇满志的秦观想必是要有一番大作为的，然而充斥着他之后生活的却是各种困顿失意，而他自己也被冠上了“千古伤心人”的称号。他15岁时父亲去世，没有了倚靠的他想要在仕途上取得一番成就更是难上加难。后来结交了苏轼一行人，朋友与知己的安慰使秦观重拾信心，再次参加科举。元丰

龙井古道

雷峰塔（老照片）

八年（1085）考中进士，初为定海主簿、蔡州教授，原本悲惨的命运似乎已经远去。然而，他的人生在绍圣元年（1094）发生了转变。哲宗亲政以后，起用“新党”，元祐“旧党”多人遭到罢黜，苏轼、秦观等人遭谪贬，秦观成了政治的牺牲品。元符三年（1100），哲宗驾崩，徽宗即位，向太后临朝。政坛局势变动，迁臣多被召回。秦观也复命宣德郎，放还横州。至藤州（今广西藤县），游光华亭，秦观口渴想要喝水，等人送水至，他面含微笑地看着，一代婉约派词人就此去世。

数百年流转，三潭印月光彩依旧，龙井寺重焕生机，秦观与西湖的缘分在人们的口口相传之下永远不会结束，因为秦观所赞美的不为华美秀色所诱，不为威武胁迫所屈，涵养自身、造福万物的湖畔高士之美德将融进每一位杭州人的血液中。

杨缵启西湖吟社

竹爆惊春，竞喧阗、夜起千门箫鼓。流苏帐暖，翠鼎缓腾香雾。停杯未举，奈刚要、送年新句。应自有、歌字清圆，莫夸上林莺语。　　从他岁穷日暮。纵闲愁、怎减刘郎风度。屠苏办了，迤逦柳欺梅妒。宫壶未晓，早骄马、绣车盈路。还又把、月夜花朝，自今细数。

那一晚，月色清亮、华灯四射，雪花如碎纸屑般在华灯朗月下纷纷洒洒，坠入灯火的海洋。整个临安城都漂浮在灯中、光中、影中、烟中，变幻莫测，璀璨烟花吹云散，皎皎明月逐人来，家家的门前院后都响起了爆竹声，夹着一阵阵断断续续的欢声笑语，一直洋溢到街上，好像在把这一刻残剩的岁月紧催走，预备迎接另一个新年。西子湖畔灯火如昼，楼台亭阁上帷幔飘飘，千花竞笑，五陵年少举起月光的酒盏，醉听靡丽的笙歌，宴歌弦管中，忽然传来一曲泠泠的琴音，这便是开篇这首杨缵的《一枝春·除夕》

杨缵，字继翁，号守斋，又号紫霞翁，严陵人，居钱塘（今浙江杭州）。生卒年均不详，约宋理宗淳祐初前后在世。度宗时，其女为淑妃，官列卿。他好古博雅，善作墨竹，好弹琴，又能自度曲。周密尝道其《一枝春》词守岁云，最为近世所称。

宋朝结社之风盛行，南宋后期，临安（今浙江杭州）西子湖畔活跃着不少文人结盟群体。其中以杨缵为盟主、周密等11人为盟员的“西湖吟

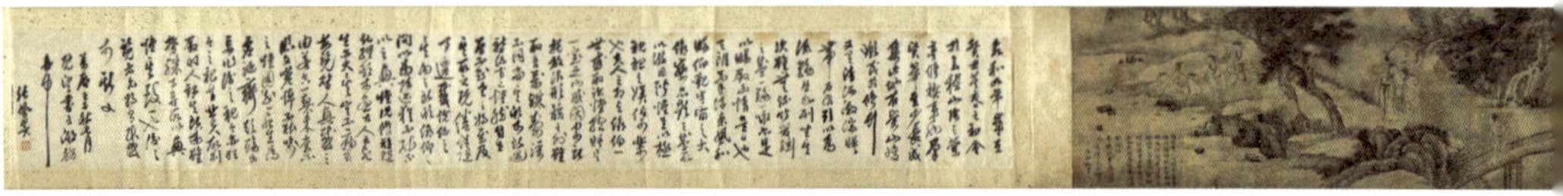

钱贡《兰亭雅集图卷》

社”文人群，是琴师乐工与词人的结盟，他们经常举行各种活动，切磋词律，商榷填词。在中国古代，“雅集”是文人雅士聚会的一种重要方式，主要分为艺术之会、文学之会或游览之会。古代最著名的雅集活动当属东晋的兰亭雅集。此后，“雅集”便成了一种传统，亦得到了后世文人的积极响应和传承。及元，“一时名士大夫莫不交游，其园池声妓服玩之丽甲天下”。雅集活动更是成为一种社会风尚，可谓举世重交游。尤其是杭州，作为一个“东南形胜”之地，吸引着来自各地的人才，滋生了一大批的文人墨客来此诗酒雅集与唱和。

西湖吟社的社员大都出身豪门贵族、外戚世家，自小衣食无忧，荣华富贵皆享，无心再追取功名，醉心于诗词音律，世人看来真可谓不务正业、纨绔子弟。但正如张岱所言：“人无癖不可与交，以其无深情也；人无疵不可与交，以其无真气也。”就是这样一群世家子弟在西湖集会，切磋词技、商榷音律，吟诵绮丽山水，奏响清雅古琴，典雅精融，逍遥自在，将西湖的水光风月都融入这琴魂词魄，“茫茫尘世谁共我？吟诗斗酒抱花眠”。

西湖吟社词人在创作上遵循“协律”，以是否“协律”作为评判词作优劣的首要标准。他们的词作多是西湖秀美山水之景与词人逍遥自在之境的结合，显得典丽精工而富雅浑融，促进了词体的进一步“格律化”和“典雅化”，因此在中国词史上具有重要地位。

而杨缵作为组织者和导师，自是词乐皆通，其音乐造诣深为时人推

崇，世人赞其：“洞晓律吕，尝自制琴曲二百操。又常云：琴一弦可以尽曲中诸调。当广乐合奏，一字之误，公必顾之。故国工乐师，无不叹服，以为近世知音，无出其右者。”杨缵带领着西湖吟社成员通过一次次的创作实践，形成了一种本色典雅词风。西湖吟社可以说是格律词派与浙派古琴的结合，强调词情乐理的契合。他们根据词意修改乐曲，使乐曲更切合词意；还要修改字面，使其适合音律。因此杨缵创作《作词五要》云：

> 第一要择腔。腔不韵则勿作。如塞翁吟之衰飒，帝台春之不顺，隔浦莲之寄煞，斗百花之无味是也。第二要择律。律不应月，则不美。如十一月调须用正宫，元宵词必用仙吕宫为宜也。第三要填词按谱。自古作词，能依句者已少，依谱用字者，百无一二。词若歌韵不协，奚取焉。或谓善歌者，融化其字，则无疵。殊不知详制转折，用或不当，即失律，正旁偏侧，凌犯他宫，非复本调矣。第四要随律押韵。如越调水龙吟、商调二郎神，皆合用平入声韵。古词俱押去声，所以转折怪异，成不祥之音。昧律者反称赏之，是真可解颐而启齿也。第五要立新意。……

泠泠琴音，清越高绝，如高山流水、潺潺流淌，又如风如松林、沙沙作响，配以清丽工整的词韵，将高雅幽情融入世俗生活，艺术的生活化与生活的艺术化在宋代发挥到了极致。

一壶香茗，一炉檀香，一席竹榻，一把案几，一张琴，一溪云，“昔圣人之作琴也，天地万物之声皆在乎其中矣”。一曲古琴萦萦绕绕，一切情意无言却宛在其中了，高山流水觅知音，相识满天下，知心能几人？这是遥远的春秋时期伯牙、子期的传说。料峭的山雨淋淋沥沥，过往的船只

〔北宋〕赵佶《听琴图》

在汉阳停泊，夜晚云开月出，江面云气氤氲，伯牙望着碧润苍翠的山影，在月光的岑寂中抚琴独奏。打柴晚归的钟子期被琴声吸引而来，不忍离去，一曲未终，琴弦忽断，两人相视而笑，琴缘已至，夜未央，乐未殇。子期听懂了伯牙琴声里巍巍江山、洋洋江河，二人相见恨晚，从此结为知己。清风明月把酒言欢，约定来年中秋之日仍在汉口重逢。次年，伯牙在汉口抚琴等候知音，却不见子期赴约。原来子期已不幸染病去世，伯牙万分悲痛，行至子期坟前，弹一曲《高山流水》后，挑断琴弦、摔碎瑶琴，高山流水有余意，除却子期谁听解，知音已逝，万般情绪无人知。他的世界，从此安静。欲将心事付瑶琴，惊回千里梦。流水的年岁在琴弦上淌过，不变的是高雅之士对它的青睐。

那天的暮风多么猛烈，西天的一抹余晖如血，赤红的日轮坠向地面，将洛阳东市的刑场染上一层红晕，人群身上的衣袂也如同在赤红的染缸里浸过一样，风声喧嚣，琴声悠扬，围观的人群屏气慑息，谛听着生命的绝响。暮风把抚琴之人的乌发与青袍吹得通通飞张起来，那人正是嵇康，一

李士达《西园雅集图卷》（局部）

曲终了，他仰面望向那血凝一般的天空，长叹：“昔月华亭下，吾幸甚得受此曲。然惜时运不济，今日永诀。此曲绝矣，哀哉！”

彼时的南山多么妩媚，秋风起，那一片菊花便开得翻腾起来，一团团一簇簇，开得这么繁盛，颤巍巍地迎风摇摆，陶潜东篱把酒，这样一个游荡在田园风光的孤独客竟也有琴之癖。酒意正酣时，便拿出自己的无弦琴拨弄一番，惹得过往行人看得一头雾水，纷纷笑其荒唐。而陶公则不以为意道：“但识琴中趣，何劳弦上声！”正所谓“陶令去彭泽，茫然太古心。大音自成曲，但奏无弦琴”，大音希声，万般情愫尽在无声之中。

那晚的月光多么清亮，头顶重叠交错的幽竹，月光从枝叶的缝隙中流淌而下，似乎特别沁亮柔滑，幽暗的夜空与朦胧的光晕融合，流动着奇幻的光影，鸟声寂寂，四野悄悄，这巨大的静默让人感到萧瑟。“独坐幽篁里，弹琴复长啸。深林人不知，明月来相照。”他那惊起山鸟的长啸，伴着那幽幽慌慌的琴声，使人不免联想，王维的那份孤独是否与这长夜一样无穷无尽？

那时的美酒酿得多么浓厚，山花开得多么放肆，喷发而来，像是打翻了一匣子的绸缎，色彩充斥天地之间。李白与友人把酒言欢，一杯接一杯的美酒下喉，热流在周身游荡，笑吟道："两人对酌山花开，一杯一杯复一杯。我醉欲眠卿且去，明朝有意抱琴来。"一杯琼浆，拂一曲琴，明朝仍仰天长啸出门去，行路难，行路难，长风破浪，云帆济沧海。

如果说前人的琴是天真自由，那么宋代的琴则有了理法，多了一种内敛。杨缵一生居江南，深受江南底蕴深厚的名士文化影响，随着经济文化的高度发展，名士文化也由清赏演变为对物质的极度追求，加之宋朝重文轻武，刑不上大夫，讲求高雅精致、崇尚奢靡成为江南一带名士文化最突出的特征。杨缵和他的社员在西湖无边无际地欢乐，他们不在意北方蛮族的窥视，不知道这片土地上正暗流涌动。南宋覆灭之后，西湖世俗社会的繁华热闹和文人聚会的风雅清高被蛮夷打破，而杨缵西湖吟社的影响仍留存在临安，成为古琴浙派的起源。

时光流转，来到2019年的西子湖畔，正值仲秋，湖边的荷花已经枯残消失，一池秋水里映着一轮满月，西湖四周的万家灯火早已盏盏燃起，霓虹灯网在城市张了起来，整个杭州陷入灯火朦胧之中。而在武林广场的杭州剧院，上下两层楼千余个位子，座无虚席，一场"千年清音——浙江省博物馆藏唐代古琴音乐会"正在此上演。梅庵派、广陵派、泛川派、九嶷派、浙派……全国各大古琴门派掌门人、斫琴泰斗，皆聚集于此，在西子湖畔"斗琴"。浙江省博物馆所藏的两张名震世间的唐琴走出馆阁，琴弦再次被抚动，发出千年古音。这两张古琴，一张"彩凤鸣岐"，一张"疏影"，来凤和鸣，太古遗音，疏影暗香、万籁希声。流畅清和、悠韵沉绵的唐音再次响起，一种久违的情愫，穿越千年的时光。

这是一个"恍若隔世"的夜晚。秋暮夕月间，安放瑶琴一张，《流水》之声从洪荒时代向人们奔来。西山里，凤求凰于梧桐，仙乐飘飘，香风习习，瑞气千条，霞光万道，百鸟齐鸣，“皇天降祉，施民以乐”。那梧桐神木便由羲皇造为瑶琴，削桐为琴，绳丝为弦，合五行之说，汇天地之音。那泠泠七弦上的琴音，便从石器时代而来，流过嵇康的竹林，流过李白的酒樽，流过黛玉的潇湘馆，而阮籍哭穷、盛唐不再，《石头记》的断线残篇流失在世间，琴声挑动着敏感的神经，无尽的神秘渺茫就这样穿越时空来到千年后的杭州。

古琴袅袅余音之后，鱼龙的悲吟一时沉寂，听琴者散去，夜就这样静下来。黑暗的夜空一角，一团明月浮在山林之上，星光疏疏，只有一颗与月亮一样清亮的星星在旁侧闪烁，而下界的城市仍淹没在繁华的灯海里。如此竟感到一片无边无际的寂寞清醒的孤独，热闹中的寂寞与迷惑，古琴的千古之音仍在上空回荡，似乎与人心底某种东西在相互呼唤：那是关于什么的古老记忆，自神话时代流泻而出，随着琴声流向这梦与夜的西湖？

西湖花翁孙惟信

望远行（元夕）

又还到元宵台榭。记轻衫短帽，酒朋诗社。烂漫向、罗绮丛中，驰骋风流俊雅。转头是、三十年话。　　量减才悭，自觉是、欢情衰谢。但一点难忘，酒痕香帕，如今雪鬓霜髭，嬉游不忺深夜。怕相逢、风前月下。

又是一年元夕，墙院外，屋檐边，树枝上，华灯四起，跳跃的火焰通过薄薄的红绸呈现出朦胧的绯色，大街小巷人语喧笑，热闹嘈杂却不令人心生厌恶，空气中弥漫着庆贺新年的喜悦与温馨。今夜只见鱼龙和彩带飘动，鞭炮和烟花齐鸣，歌舞之声在空中回荡又回荡，灯火煌煌的夜幕下人影憧憧，好像散发着暖烟，让一切的场景都虚幻起来。在灯火阑珊处，我看见一个老翁独自面对这繁华的盛景，莫名有了一种“冠盖满京华，斯人独憔悴”的感慨，再回望，恍然间，那昏黄的人流，竟像走马灯一样，快速急乱地转动着。

〔南宋〕李嵩《观灯图》

孙惟信（1179—1243），字季蕃，号花翁，开封（今属河南）人。这首《望远行》，

李唐《采薇图》

仿佛道尽了他的一生："以祖荫调监，不乐弃去。始婚于婺，后去婺出游。留苏、杭最久。一榻外无长物，躬爨而食。名重江、浙间，公卿闻其至，皆倒屣而迎长。长身缦袍，气度疏旷，见者疑为侠客异人。每倚声度曲，散发横笛；或奋袖起舞，悲歌慷慨。终老江湖间。"少年意气激扬，怎愿委身官场？遂弃官而去，策马游遍江南好风光，饱览山河，快意吟吭。

"火树银花不夜天，龙腾狮舞闹元春。"每逢元宵，他便和好友吟诗对词，举起那盛满月光的酒杯，醉听这缠绵的笙歌。西湖水潇潇，酒意浓时，便散发作楚狂，横笛声阵阵，伴着月轮的轨道绵延又绵延。转头间，30年时光一晃而过，如同一段繁华的绮梦，记忆中还有那酒痕香帕的余温，而如今，诗社好友散去大半，美人迟暮，佳人已逝，不知不觉间，这位"西湖花翁"已是风烛残年、茕茕一人了。在这佳节良宵，独自酌一杯清酒，唱一曲岁月的哀歌，这元夕的火树银花、歌舞升平、鱼龙飞舞，都是那么熟悉的场景，那舞动的鱼龙已经飞过了多少年头？诚如华胥一梦，他恍如隔世般闯入了不属于自己的陌生地带。一切都变得不真实起来，那人影攒动，浓密的灯火竟如同海市蜃楼一样，是一层层的幻影……短短30年，投进时间的长河里恐怕连一朵水花都不会激起，但此刻为何又会泛起点点涟漪？这30年，人世间又该经过了多少的沧桑巨变？当年风度翩翩的少年已不在，只剩双鬓雪霜的老翁；当年诗酒相欢的热闹已不在，只剩月影成双的萧然，客散筵空掩独扉，一切青春、繁华最后都将交付于时间。孙惟信已是身心疲惫，不堪深夜那一句“怕相逢、风前月下”又蕴含着多少的无奈？

孙惟信的祖辈三代为官，而他却对宦海沉浮毫无兴趣，甘愿离经叛道做一自在“花翁”。而杭州这座花城，春桃、夏荷、秋桂、冬梅，一年四

李嵩《花篮图》

季花开不败。据《梦粱录》记载，南宋临安“四时有扑带朵花……春扑带朵桃花、四香、瑞香、木香等花。夏扑金灯花、茉莉、葵花、榴花、栀子花。秋则扑茉莉、兰花、木樨、秋茶花。冬则扑木春花、梅花、瑞香、兰花、水仙花、腊梅花。更有‘罗帛脱蜡像生’四时小枝花朵，沿街市吟叫扑卖”。而暮春时节，临安的街头巷尾卖花者如云，一片繁花似锦，“春光将暮，百花尽开，如牡丹、芍药、棣棠、木香、酴、蔷薇、金纱、玉绣球、小牡丹、海棠、锦李、徘徊、月季、粉团、杜鹃、宝相、千叶桃、绯桃、香梅、紫笑、长春、紫荆、金雀儿、笑靥、香兰、水仙、映山红等花，种种奇绝。卖花者以马头竹篮盛之，歌叫于市，买者纷然”。这花团锦簇的临安怎能不让“西湖花翁”孙惟信流连忘返？

单单是那西子湖畔，一年四季花开未曾断：先是春风飘飘，樱花和桃花一声爆发，到处漂浮着红云。你还来不及为落英缤纷伤感，梨花树上又涌出一层又一层的白花，天地白茫茫的一片。风一吹，花海泛起波浪，花瓣漫天飞舞，如同大雪又如同纸屑纷纷扬扬，“梨花淡白柳深青，柳絮飞时花满城”。再是夏雷阵阵，暴雨就要来了，云层好像压到了地面一样沉闷，湖边的树木都热得蒸腾起来，郁郁葱葱的绿影上好像都漂浮着一层热气，没有一丝风，湖面上一朵朵荷花仿佛凝固了一般。忽然，“噼里啪啦”，荷叶最先欢呼起来，“哗啦哗啦”，树木也跟着高歌，硕大的雨滴从四面八方倒下，从苍穹之上撕破云层挣扎着跳下，雨地里的草木酣畅淋漓，喝醉了一般身上蒸腾起来烟雾，暴雨来去匆匆，不一会儿云层缝补了裂缝仓皇而去，荷花经过雨水的冲洗更加明艳，像是一盏盏红灯笼浮在荷叶上，“月明船笛参差起，风定池莲自在香”。而后秋阳晃晃，整个临安城香气袭人，寻觅那香气来源，原来是层层绿叶间藏着的一簇簇金黄的小花，似点点碎金，如蜜的香甜笼罩满城，作为北方人来到杭州才真正领悟到什么叫作金桂飘香。秋雨绵绵的午后，桂花的香气掺杂着空气中的潮湿，如同酒酿一般，缠缠绵绵，令人迷醉，“欲买桂花同载酒，终不似，少年游”。最终冬雪纷纷，冷风夹杂着湿雾，是透过衣物的寒恻恻的刺人肌骨，百花草木都残枯消逝，鸟儿安静得让人吃惊，一切好像都被严寒冻疼了，一声不响。但在这白茫茫的冰天雪地间，仍有着点点绯红，走近看那花瓣润滑剔透，像红玉雕成似的，有着冰清玉洁的雅致，却暗香浮动，撩人心弦，“何时杖尔看南雪，我与梅花两白头”。

孙惟信放弃了那原本衣食无忧的优渥生活，甘愿浪迹江湖间，不知那西子湖畔有多少个夜晚回荡着他的笛音？那傲雪凌霜的寒梅，却经不起一阵阵寒风的吹拂，片片花瓣随风飘零，漂浮在西湖的碧波之上，他举杯对月，影成三人，酒意正浓，散发横笛，奋袖起舞，何不感慨人间自是有情痴！试问西湖到底有着怎样的魅力，可让古今多少痴人为她狂热？遥望那一轮明月，见证了多少诗风词韵的夜晚？今人不见古时月，今月曾经照古人。那投影在湖心的古月，从远古的混沌而来，泼洒着满地的清辉，让嫦娥逃离了红尘，在不倒的月桂下哭泣；那轮明月，流泻成河，流过苏小小的石墓，流过林逋的香榭，流过苏轼的长堤，渗入脚下的土地，深入灵魂的骨髓。历史的每一页都被洒满了月光，从神话时代到现在，一个个痴情的灵魂举着酒杯，大笑、起舞、哭泣、走散，而那夜的孙惟信是否又会吟起那句“一梦觉来三十载，休休，空为梅花白了头？”

30年，犹如南柯一梦，顿成过眼云烟，回想他的一生，行吟江湖，叛逆不减，终是执迷不悟。平生纵情于山水草木、花前月下、锦罗丛中，与朋友结伴畅游在这西湖山水间：或于桃柳烂漫处席地而坐，此时千里莺啼，山色如黛，花光如颊，温风如酒，波纹如绫，他们面对良辰美景亦歌亦饮；或于漫天星光间泛舟，鸣蜩声声懒，流萤如同星子坠入小舟，他们

孙花翁墓

酣睡于十里荷花之中；或于山色空明时携手夜游，此时中秋月圆，清光泼地如水，宛如白昼，他们携瓜果美酒，吟诗作赋觥筹交错；或大雪纷飞时会于亭中，久坐清冽，起炉热酒，酒气冉冉，他们横笛抚琴，乐音伴着欢笑透过了鹅毛大雪，畅通无阻地响彻西湖间，当真是洒脱快意！可如今，30年时光弹指一挥，人到迟暮，友人老去四散，只有孙惟信仍坐守这湖光山色，再次吹响横笛，竟被凄寒所侵，咽塞不得出。

孙惟信晚年隐于西湖下天竺廨院，生活清贫，唯有一身一榻，终日以诗酒琴画为乐。他一生纵横江湖间，广结诗友，甘愿在湖光山色中做一自在花翁。最后，他病死于临安，去世时没有任何亲人陪伴，孤独而终。而最后为他送终营葬、悲歌不已的正是那些江湖好友，有皇室名士为其谋划丧事，一代文宗刘克庄亲撰墓志铭，称其“倚声度曲，公瑾之妙。散发横笛，野王之逸。奋袖起舞，越石之壮也”，叹其“每岁莺花要主盟，一生风月最关情”。

最终他们将他长埋于西湖，墓旁植山花并菊环绕，不负他一生“花翁”之名。都说人生是“书画琴棋诗酒花，当年件件不离它，而今七事都更变，柴米油盐酱醋茶”，偷得半生清闲对我们平凡人来说已是知足，诗酒风月终是难得，理想难免要落入世俗的泥沼，而孙惟信偏偏打破了这一定论，他偏要选择那最艰难的道路，放弃他生来就该享有的功名利禄、荣华富贵，而在穷困潦倒、逍遥自在中，走完了非同寻常的一生。

孙惟信的墓址自元末就已不得其踪，直至晚清，寓居孤山的俞樾泛舟里湖时，发现岸边有座古墓，暴露的墓顶用圆铁禁锢，墓碑则已全然不存，仔细辨识后才发现此乃“西湖花翁”之墓，时作《孙花翁墓记》，更与丁丙等人出资重修墓地。至此，孙惟信其人其事终于大白于天下。2007年，杭州市政府在北山街为孙惟信树立新碑，供后人敬仰凭吊这位视功名如粪土，终生浪迹江湖，生前吟花弄月、死后共花长眠的“西湖花翁”：

锦囊玉笛喜追从，度曲联篇雪月中。

老对此君无意味，欠诗无笛少花翁。

叶绍翁寓居西湖

游园不值

应怜屐齿印苍苔，小扣柴扉久不开。

春色满园关不住，一枝红杏出墙来。

江南二月，满目春光，烟草柳浪，千里莺啼，诗人看窗外桃红柳绿、蜂飞蝶舞，拒绝不了春光的盛邀，便乘兴踏春，走过青石板路，来到一座园林，望能欣赏园内锦绣如织的春色。于是他叩响柴门，却无人回应，他转念一想，这里门庭寂静，怕是主人不愿园内青苔被人践踏，才拒绝生人打扰，诗人也就释怀了，就此辞别。而他不经意地抬头，忽见一枝盛开的红杏花探出墙外，正是“春色满园关不住，一枝红杏出墙来”，是所谓春光烂漫，开满庭院，不可遮掩。这首诗的作者即为江湖诗人叶绍翁。

叶绍翁，字嗣宗，号靖逸，浙江龙泉人。关于他的历史记载并不多，作为“江湖诗派”的重要成员，叶绍翁的诗歌多描写江南风光，语言清新而意境高远，以《游园不值》中“春色满园关不住，一枝红杏出墙来”闻名于世，广为人知。据考证，此句应脱胎于陆游的“杨柳不遮春色断，一枝红杏出墙头”，但陆诗不及叶诗所表现出的这种冷寂之中见繁华、落寞之时忽惊喜的意境。

叶绍翁一生久居南宋都城临安（今浙江杭州），多晓临安风土人情，不知是否与其家道中落、长期隐居西湖之滨有关，他的诗词总是有一种莫名平静的伤感。

在偏安的南宋王朝，叶绍翁似乎并没有大放光彩，他的祖父曾为大理寺丞、刑部郎中，后因赵鼎党事被贬。叶绍翁因祖父关系受牵连，家业中衰，少时过继给龙泉叶姓为子。宋光宗至宋宁宗期间，曾在朝廷做小官，

南宋　无款《长桥卧波图》

后隐居于西湖十余载，漫游于江南一带，以诗文会友于江湖，与真德秀、葛天民等人交往甚密。他的词清新宁静，正如他的一生没有经历多少起落，有知己一两，吟诗作赋，隐居西湖，寄情山水，也颇为闲适。

一提起宋代，人们想到的自然是宋词，词的光芒太过耀眼，相比之下宋诗反被其掩盖了光彩。兴起于南宋中叶的“江湖诗派”是整个南宋中后期诗坛的主要力量，他们继承了“中兴四大诗人”的风格，诗歌语言趋于通俗、自然和口语化。这种文风与江湖诗派成员的地位有着莫大关系，他们多为功名不遂而浪迹江湖的中下层文人，一方面不满朝政、厌恶仕途，另一方面又不甘于清贫寂寞的隐士生活，热衷于流转江湖，结交文人墨客。因此，他们能接触到大量社会底层的生活，有着丰富的创作来源，他

李唐《江山小景图卷》

们又拒绝堆砌典故、辞藻华丽的文风，力求平直流畅。江湖诗派的诗作，或题咏山川，或记述事件，有的抒发爱国情怀，发泄对朝廷的不满，有的再现战乱给人民带来的苦难，更多的是消极无奈的避世情绪，从而形成了南宋中后期的诗歌潮流。

而不可否认的是，叶绍翁所在的南宋后期，宋诗也如当时的政局，已是风雨飘摇、每况愈下，世人评价其所属的江湖诗派未能摆脱模拟之风，境界不高、气度狭小，明畅有余而含蓄不足。诚然，这些江湖诗人，面对日渐凋零的时代，没有豪放派“车迹所穷，恸哭而返”的猖狂，写不出气度超拔、壮志豪情的慷慨之声，也没有婉约派“情爱相思，别恨离愁”的善感，写不出哀感缠绵、清丽顿挫的柔靡之声，他们只是历史洪流中微不足道的沙砾，没有进入蚌壳化为珍珠，或许在阳光无意的一瞥下闪烁了一瞬，终究还是在时代长河中泯灭。叶绍翁曾在《寓居》里写道“十年林下隐，差觉世缘轻”，读到此句必定会产生质疑，作者所隐居的西湖成名已久、名气过盛，再怎么避世，也总会分享一份热闹的，所以他所写的“世

缘轻”大概只是自己的心境所指罢了。古往今来，无数文人墨客会聚西湖，这片水域到处都是古迹，苏小小的香陵、乐天与东坡的白苏两堤、林和靖的孤山、白娘子的雷峰塔，直至张岱的《西湖梦寻》将西湖写了个遍。而到头来看，西湖是适合游玩的，却并不适合居住，正如鲁迅先生所言：“至于西湖风景，虽然宜人，有吃的地方，也有玩的地方，如果流连忘返，湖光山色，也会消磨人的志气的。如像袁子才一路的人，身上穿一件罗纱大褂，和苏小小认认乡亲，过着飘飘然的生活，也就无聊了。”

自古以来，隐居西湖的名士数不胜数，而被世人想起的也只有一个林和靖，一句“疏影横斜水清浅，暗香浮动月黄昏”成为咏梅的千古绝唱。林逋似乎把什么都看透了，学着陶渊明辞官，隐居孤山，以梅为妻，以鹤为子。每当夜晚，月轮沿着轨迹爬上夜空，月色清亮，宛如白昼，想来“西湖十景”有两处都是描述月亮的——三潭印月、平湖秋月，阴晴圆缺，悲欢离合，嫦娥吞下仙丹，玉兔不停捣药，蟾蜍在砍不断的桂枝下哭泣。月夜，九尾狐在魅惑着过路的书生，嵇康在竹林间拨动琴弦，游子思妇在徘徊惆怅，李白在清辉下把酒成歌，征夫将士在遥望着长安，苏轼在桂香里举杯笑谈……皎皎的月光从神话时代起就从未消逝，照着无边的大漠，照着闺阁的梳妆镜，照着诗人的空酒樽，投下颤颤巍巍的孤影，留下重重叠叠的醉眼。当月照到了西湖，如同相似的灵魂相遇，冬夜的寒气衬得月光更加清冷。透过屋帘，林和靖披衣起身，西湖的清波上漂浮着孤独的月影，拂开冬夜的静寂，空气中流溢着梅花的暗香，触动着他的思绪，成就了“疏影横斜水清浅，暗香浮动月黄昏”的绝唱。何夜无月，何处无寒梅？少的只是那一份西湖的意境和隐逸的心境，林和靖凭着梅花、白鹤与诗句，在西湖把隐士生活演绎到了极致，也吸引了更多后世文人涌向西湖，将余生埋进一座座孤山。

叶绍翁正是如此，他在《寄赵眉翁二首》中写道：“君王未肯赐西湖，鸥鹭从中借地居。”遥想当年，贺知章退隐时皇帝赠鉴湖之居，太子率百官相送，试问谁不想有此殊荣，可诗人只是一介无名小官，贺知章的境遇值得羡慕，却难以效仿。于是叶绍翁认为，不如追随林逋，隐入西湖，在山水之间寻得一份心安。此后他便去访问隐者，写下“不作王门梦，来敲隐者关。童先孤鹤化，云伴一身闲”的诗句。又在秋日游龙井时说道：“引道烦双鹤，携囊倩一童。竹光杯影里，人语水声中。不雨云常湿，无霜叶自红。我来何所事，端为听松风。”

西湖就像一座世外桃源，隔离了尘世的哀愁，诗人在山水之间举杯、坐饮、放歌，清风拂面，吹散了所有的烦恼与尘喧。在这里，时间是静止的，多少朝代楼起高落，多少人物“你方唱罢我登场”，而西湖还是青山不改，水光依旧。可退居山林的隐者，都有着不为人知的无奈，他们或是得不到君王赏识，空有满腔热血和才华却无法施展，或是因政局纷乱、前途灰暗，又不愿与世俗同流合污，在这样的困境中，不得不选择隐居山林了却余生，但在他们内心深处，仍是矛盾而痛苦的。像叶绍翁虽然躲避了闹市的喧闹，逃离了尘世不愿见客，仿佛是诗酒尽欢，活得潇洒自在，但在夜中撑船游西湖，写下的《西湖秋晚》却是满目凄凉之色：“荷叶无多秋事晚，又同鸥鹭过残年。”读罢一股悲怆孤寂之感涌上心头，倍感秋有一种莫名的凉意。在夏夜泛舟，“酣睡于十里荷花之中，香气拍人，清梦甚惬”，而秋风一吹，荷花仿佛就在一夜之间残败掉落，带着夏日的欢愉隐身而去，留下满池的残荷，瞬间打乱了内心的平静。深秋过后便是寒冬，一年的时光就这样流失，步入暮年，曾经的三两知己不知是否安好？叶绍翁此时茕茕一身，只有鸥鸿白鹭为伴，不知心境该是何等的凄凉！杭州的秋天是变幻不定、难以捉摸的，敏感之人在秋天游西湖可谓百感交集，不说天气晴雨，单是朝暮之间，就会撩起万般思绪。昼间，太阳凝望着满城黄叶掺杂着红枫，伸展着金灿灿的阳光，那一束束光线是可视的，你能看见细小的灰尘在光的轨迹里跳跃、上升，一直到达清亮透彻的天空。当太阳坠向山头，湖水在夕阳下泛着粼粼的金色，断桥、雷峰塔都变得黯淡，如褪色一般，只有边缘还流连着点点夕阳，像镀上了一层金边。晚风送来的凉意渐浓，游客也纷纷散去，萧瑟之气不久便要蔓延到西湖的每一个角落。而杭州城内，无数霓虹灯相继亮起，交织成另一个如白昼般的繁华。千年前的临安城，不会这么喧闹，人们依旧日出而作、日落而

御制西湖十景 – 柳浪

息，叶绍翁却偏在这夜深人静时，驾一叶舟于湖中，万物寂静，四野悄悄，偶尔水鸟飞过，打破沉寂，他在感伤什么我们无从得知，只能透过诗句感受到一丝凄凉。真希望他有一壶酒，便能像唐温如一样“醉后不知天在水，满船清梦压星河”，逃离这无尽的萧瑟。

张宏生对江湖诗派的评价是：“就一个社会地位不高，需要以诗歌体现出自己的存在价值的群体而言，这些诗写出了他们的生活形态和个人感受，而在表现上则纤巧琐细，语言清新，平中见奇，很有锤炼的功夫。”在不得志的现实中碰了壁之后，叶绍翁选择了西湖，西湖也接纳了叶绍翁，让他写诗饮酒，以慰风尘，正如对待古往今来所有前来寻觅答案之人一样。漫步于今日的西湖，这秀丽山水间散落着多少才子、隐士，埋藏着多少身前的孤傲和身后的空名，那苏堤和白堤上徜徉着多少古人黯淡的背影，微风吹拂湖水泛起涟漪，又吹皱了多少人满怀多情的心意，刹那间不知岁月何夕，云去也了无痕迹。

董嗣杲西湖百咏

齐天乐

玉山曾醉凉州梦，图芳夐无今古。露颗虬藤，风枝蠹叶，遗墨何人收取。当时赠与。记轻别西湖，笑离南浦。万里奚囊，岂知随处助吟苦。　　归来情寄谩远，旧寻犹在望，荒亭荒圃。绀蕾攒冰，苍阴弄月，休说堆盘马乳。云梯尚阻。袖一幅秋烟，扫空尘土。静想山窗，半乘寒架雨。

公元1279年，宋朝最后一位皇帝赵昺随陆秀夫及皇族800余人跳入海中，赵宋王朝如同高楼般轰然倒塌，而蒙古的旗帜则在这一片废墟中高高升起。一个年过半百的文人木然地站在山头，呆呆地望着千疮百孔的临安城，目睹着整个中国都立满了蒙古的旗帜。他不明白：为什么这么一个王朝会如此轻易地灭亡？为什么一切都发生得这么仓促，让自己根本反应不过来？

董嗣杲，生卒年不详，字明德，号静传，杭州人。宋理宗景定中榷茶九江富池。度宗咸淳末知武康县。宋亡，入山为道士，改名思学，字无益。他的一生是浮华与苍凉交替的一生，他所处的时代是宋末的奢靡时期，君相纵逸，耽乐湖山，无复新亭之泪，有诗云：“山外青山楼外楼，西湖歌舞几时休？暖风熏得游人醉，直把杭州作汴州！”统治阶级苟且偷生，纸醉金迷，文人士子在对社会绝望之余纷纷追求个性解放，纵乐于声色，纵情于山水，沉迷于观感声色之好，放浪形骸，穷奢极欲，人情以放荡为快，世风以奢侈相高。

他前半生为官，衣食富足，尝遍风流，宋亡之后隐入山林，做了一名道人。他开始回忆，回忆中的他又行走在过去的宋王朝大地上，行走在

南宋临安市井图

那西子湖畔的繁华旧梦中。他是一个文人，他提起那杆历经王朝更迭的旧笔，挺起了如笔杆一般直的腰，将故国西湖的每一处美景，一遍遍咏颂，都化为纸上的美丽画卷——《西湖百咏》。他远离了红尘，一个人在道观中不知疲倦地奋笔如走马，过着极清苦的生活，这样也算是对自己的救赎，他在整理与写作中找到了自己的精神家园，在已然逝去的历史中感受到了亡国前的温暖。他努力地将南宋西湖的一切都留存下来，谱写了一曲华丽的盛世挽歌。这山林中的道观埋藏着他远离市井的后半生。他不属于这个新的王朝，他看透了世间冷暖，记取往日繁华，写遍昔日盛景，纵有万般心绪、满腹才华，都凝成一部部回忆故国的集子，留给后人评说。

现存董嗣杲最完整的作品集就是《西湖百咏》，书前董嗣杲原序云：

> 予长兹地，与山水为忘年交，凡足迹所到，命为题赋以唐律几二十余年，仅逮百首，然皆目得意寓，叙实铺写，非但如杨郭二子披图按志，想象高唐而已……岁月无情，陵谷易变，将使

百千年后，登览降望于西湖上者，因诗有感焉。

西湖承载着古往今来无数文人墨客的诗情画意，不论寓居此处的人还是匆匆而过的旅人，无不为这天下无双的美景所倾倒。南宋定都临安后，杭州成为全国的政治、经济、文化中心，人口激增，经济繁荣，进入了发展的鼎盛时期。“东南第一名州，西湖自古多佳丽。临堤台榭，画船楼阁，游人歌吹。十里荷花，三秋桂子，四山晴翠。”西湖不仅是杭州市民的游览休闲场所，也是文人韵士聚居之地，苏堤之上，断桥之边，有多少赴京赶考的学子、四方来京的商人、香市期间的香客，甚至杭州城郊挑担叫卖的货郎……多少文人士大夫，当致君行道的抱负难以实现时，都选择躲进苏堤的春色里，西湖的春花秋月给了他们心灵的慰藉，也给他们提供了创作的素材。到南宋末年，开始出现了诸多文人吟咏的西湖组诗，而董

南宋西湖图

嗣杲《西湖百咏》的初稿也是在南宋末就开始编写的。他们见证了文化最鼎盛的南宋末世无限的美、无限的繁华、无限的精致与复杂，而这一切或许都是为了见证缓缓降临的浩大宿命。当蒙古人的铁骑占领临安时，西湖本身并未遭受多少兵马踏践，但之后西湖便迎来了近百年的萎缩期，毕竟在蒙古人看来，西湖不过是风花雪月的象征，不过是汉人无所作为的写照罢了，而沦为亡国奴的汉族人，当被唤作“南人”，被当作最底层的四等民族，受尽各种折辱，试问西湖又怎能逃脱这一劫难？

董嗣杲成长于南宋末年，作为杭州人，见证了南宋末年西湖世俗社会的繁华热闹和文人聚会的风雅清高。当山河易色、劫后余生，暮年的董嗣杲面对瓦砾狼藉的西湖，心中该有多少感慨与辛酸！国破山河犹在，只是不复当年景，他再访西湖，早已不是昔日的繁华靡丽、歌舞升平，而只剩下一堆瓦砾与残迹在风雨中哭泣，帝王将相、朱门玉宇，悲欢离合，终究都付之一炬。董嗣杲一生都深爱着故乡杭州的西湖，晚年盘踞在他心头的也是为之一往情深的繁华旧梦。然而，无论他在《西湖百咏》中如何描写西湖的盛景喧嚣，在这朝代变迁、兵燹肆虐的背景下，他所钟爱的西湖也只能染上一层浓重的亡国之恨。置身于元朝，作为遗民，遥想当年西湖的人物风流、湖光山色，对比如今西湖的荒凉无人、残败不堪，这种美只会让人感到更加沉重。董嗣杲亡国之后再来回忆西湖，这种行为中无疑包含着解不开的兴亡之感、沧桑之叹，正如杨炫之有感于故都洛阳“城郭崩毁，宫室倾覆，奇观灰烬，庙塔丘墟。墙被蒿艾，巷罗荆棘”的荒凉景物，才撰写了《洛阳伽蓝记》。

明代重刊张宁作《西湖百咏·诗序》云：

念自秦汉下至唐宋，西湖形胜日以着闻，林泉岩洞，坡堤峰岭，祠庙园池，楼阁桥亭，井墓之属，莫不各有标题，咏玩其间，国谋人事之兴亡，善恶是非得失，因是诗亦足兴起……诗所咏载，几于和而不流，怨而不怒，致养如《聚景园》，追远如《延祥观》，死难如《张忠勇庙》，可以同光栖霞岭墓。事父事君，诗亦具备，而其绪余，多识又足以通知古今，晓畅名物，按求遗迹于荒芜迷佚之中，不使终泯。夫然后嗣杲、惟诚之言，庶几合乎圣人之教，读者尚亦逆志得情，毋徒留连景光，韵想形胜，以小视彦明之举，则此集可以史称矣。

张宁评论《西湖百咏》是一本历史书，亦是一本地理书，宋代盛行史地杂咏、纪咏结合，可以作为一地之旅游指南。而时过境迁，宋人诗中所咏很多遗迹到明代已无踪迹可寻，更何况如今，真是映照了董嗣杲自己所言的“岁月无情，陵谷易变”。董嗣杲早年就曾写过不少西湖咏诗，宋亡之后，带着一种追忆与欣赏的心态记录着曾经美好的西湖，可是在追忆的背后还有他没有写出来的句子，正是这些没有写出来的句子，诠释了他写这本书的另一种心理状态，使这本文集不仅仅是介绍西湖美景的旅游手册，而且另有深意。

董嗣杲蹉跎在风雨飘零的南宋，国破家亡，前生今世两茫茫，眼看临安从早年的奢华靡丽沦落，经历了风霜雨雪的侵蚀，不禁感叹人生如梦，繁华不过过眼云烟罢了。也因如此，才想要追忆，才会赞美这昔日西湖的美好风光，呈现给后人南宋西湖的精致风貌，却给自己留下了深深的伤痛。正如陈平原所说：“诉说遥远的往事，很容易带有温情；而这种温情，多少掩盖了事物原本存在的缺陷，只呈现其‘富有诗意’的一面。”繁华零落，梦境褪色，董嗣杲只剩下这些回忆聊以慰藉和解脱，他用笔抚慰着自己心灵的孤寂，在一遍遍的咏颂中，掩饰了现实的残酷，只留下西湖梦的美丽。昔日意气风发的少年郎，从繁华中走出，却最后落脚于城市颓圮的山隅里，变为道士老翁。但在落魄中追忆曾经的繁华盛景，无论如何被淡化，他的内心也是隐隐作痛的。

历史，往往就在看似巧合的不经意间不断重演着，几百年之后，又有一个明朝遗民张岱在山林中回忆着西湖，把繁华靡丽视为过眼皆空的种种罪案、种种果报，但每当想起过往，如游旧径，如见故人，城郭人民，真可谓“痴人前不得说梦矣”。张岱也将他的追忆寄托在景物与书籍之中，记下一件件回忆，读来有如志异怪谈，又似饭后碎语，篇幅不长，少佶屈聱牙之句，反而易于诵读、趣味无穷。因此相比年代更为久远的董嗣杲，他的生平更为世人所知，他写了秦淮河上的凭栏哄笑、水光激射，写了金山寺晚那一场荒唐戏，他喜欢锣吹鼓打、浩大人群，如粥如沸的人群中有他，人群散去，天地大静，一缕凉笛绕一弯残月，三五人静坐中也有他……人生之境，最难得的便是繁华落尽后仍能保持繁华的心境，所以董嗣杲和张岱就算是国破家亡，也能在回忆中寻找安宁，寻找灵魂的归宿，执着于自我生命的完成。

阅尽繁华之后坠入苍凉之境，将往事转化为一场梦，繁华旧梦，人生几何，演绎一场时代的落幕，董嗣杲在《西湖百咏》中怀念着旧日的繁华，这繁华中便是生命的绚烂，而繁华过后的苍凉则隐藏着生命的厚重。因此，只要有人追忆，往事就不必如烟。

仇远湖上留诗作

西湖一曲百泉通，漠漠青山绕梵宫。
故国园林秋色净，明朝风雨桂花空。
银笙玉笛清歌外，画舫朱帘落照中。
人物风光两相称，儿童遮莫笑山翁。

仇远的这首《秋日西湖园亭》被选在《西湖游览志余》卷一二《才情雅致》中，倒也符合世间对其生性雅澹的评价。这首诗描绘了西湖与百泉相通，青山环绕梵宫，秋日天气变化无常的场景。而其中的山翁便是仇远本人，因他居余杭溪上之仇山，自号“山村”“山村民”，人称“山村先生”。而“儿童遮莫笑山翁”，一股自嘲含着淡然之味扑面而来，洒脱之气令人心弦震动，颇有豪放大师的气派，这正是时代与西湖赋予他的特质。

仇远（1247—1326），字仁近，一字仁父，钱塘（今浙江杭州）人。由于生当宋末乱世，他的文章总是蕴含着对国家兴亡、人事变迁的感叹。仇远生于宋理宗淳祐七年，他人生的前期是在南宋王朝度过的。咸淳年间，就读于太学，诗名与白珽相当，两人合称为“仇白”。仇远作为一个传统的儒生，也有过雄心壮志，从“少年逞粗豪，提笔赋两都”就可以看出来，但是当时的宋王朝已经腐败不堪，仇远空有一身才华却无处施展，直到南宋灭亡，他都没有得到过一官半职。可以说，仇远在人生的前期是很不得志的。宋灭亡之后，一个崭新意义上的遗民群体产生了。宋朝的灭亡，使仇远的人生分成为两个部分。如果说，他的前一半人生充斥着的是对家国式微的担忧，那么他的后一半人生则是表达了对宋灭亡与自己“失节”的痛苦。幸而，西湖以其独有的出尘姿态，让仇远在一出出人生悲剧的打压下尚有着一丝喘息的机会。这也就无怪乎他的诗中会出现淡然与悲凉两个矛盾体的结合。

谁擘空青露石坳，游龙伸臂下南高。
鬼神穿凿地脉碎，风雨支撑天柱牢。
峭壁苍苔侵佛髻，悬崖滴乳湿僧袍。
伽蓝闻是香山叟，灯暗祠荒没野蒿。

南屏山以西有石屋洞，这首《游石屋洞》便是山村先生为西湖石屋洞而写。他以鬼神法力穿凿石屋洞这一意象，写出了石屋洞的鬼斧神工、精美绝伦。“风雨支撑天柱牢”更是想象奇特、绚丽，天柱的稳固亦如石屋洞的石柱，历经千年风雨飘摇，自岿然不变。或许这也是仇远对自己未来人生的一种期许和对初心的一种坚守吧。檀香缥缈，伽蓝佛像与石屋洞完美结合，印刻出时代的变迁和历史的沧桑。佛家独有的自修之道，不受世俗困扰之道似乎也让仇远伤痕累累的心灵得到了温养。

1276年元兵进入临安，南宋都城沦陷，这对严守华夷之辨的读书人来说，无疑是奇耻大辱，仇远内心的痛苦可想而知。入元以后的仇远，落魄江湖，常常以移民自居，和朋友们互相唱和，缅怀故国。从1279年开始，为了缓和民族矛盾，巩固统治地位，元廷进行了好几次大规模的征召遗民出仕的活动，面对统治者的逼迫和无法养家糊口的窘境，仇远不得已于元大德年间出任溧阳教授，不久罢归。毫无疑问，仇远一生都深受“失节”的困扰。幸好，还有西湖这些富有天生性灵的能为无数文人抒情发意的景致存在，失意也好，落寞也罢，它能治愈所有受过伤的心灵。

西湖石屋洞，洞形宽敞，轩朗如屋，故名。洞后有一穴，上宽下窄，状如浮螺，曰“沧海浮螺”。洞顶有“擒云亭”。洞内旧有罗汉、天王及飞天浮雕等石刻。洞左有新建的“桂花厅”。《梦粱录》卷一一《诸洞》云：“烟霞石坞路大仁院有石屋洞，极高大，状如屋，周围镌刻诸佛、菩萨、罗汉之像，其寺正为佛殿，朝香夕灯之供。”另据《淳祐临安志》卷九《诸洞》载，洞中镌有“罗汉总五百十六身，中间凿释迦佛、诸菩萨像”。洞底有泉，实为奇景。

据《西湖通史》所引文献记载，石屋洞有不少元人摩崖石刻题名，其中之一是：“皇庆壬子九月八日员峤真逸、河东李倜士弘偕净慈晦机、中竺元叟、明庆币严、演福湛堂、会稽千岩同游。男思德侍行。是日风高气清，乘兴就高峰。”员峤真逸即李倜，题名应与他为丛玉轩作墨竹同时，亦即他在两浙盐运使任上。与他同游的净慈寺晦机、中天竺寺元叟、演福寺的湛堂，都是各寺的住持、佛教界的名人。会稽千岩即高僧

石屋洞（老照片）

元长，号千岩，“越之萧山人”。萧山古代属会稽郡，故称会稽千岩。他是灵隐寺僧人，在当时很有声望。“乘兴就高峰”的“高峰”，指南高峰，“高峰在南北诸山之界，羊肠诘屈，

孤山放鹤亭（老照片）

松篁葱菁，非芒鞋布袜、努策笻杖，不可陟也”。李倜和这些僧人敢于攀登，真是雅兴不浅。

说到仇远与西湖的缘分实在是不浅，其中西湖断桥的美景是不得不提的，仇远曾有诗“到处一般香影色，孤山只在断桥西”，便是其对西湖断桥、孤山的印象。“香影色”，恰到好处地摹出了西湖的朦胧意境，树影绰绰，湖波荡漾，香风习习。“孤山岿介湖中，碧波环绕，胜绝诸山。”这是西湖的中心地带，时人有词描述道：“六月天，孤山路，载笙歌画船无数。”孤山上有林逋墓、祠。“断桥流水西林渡，暗香疏影梅花路。”林逋以爱梅著名，“暗香疏影梅花路”指的就是通往孤山的道路。连接陆地和湖中孤山的是白堤（也称白沙堤）。白堤的东端是断桥，西端是西泠桥。南宋理宗时，孤山上建有西太乙宫。“西太乙成后，西出断桥，夹苏公堤皆植花柳，而时时有小亭馆可憩息。”元代曲家冯子振描述断桥风景时说：“草萋萋一道腰裙，软绿断桥斜去。”唐代诗人白居易写道：“谁开湖寺西南路，草绿裙腰一道斜。”诗后自注：“孤山寺路在湖洲中，草绿时望如裙腰。”明代的记载说：“桥堤烟柳葱青，露草芊绵，望如裙

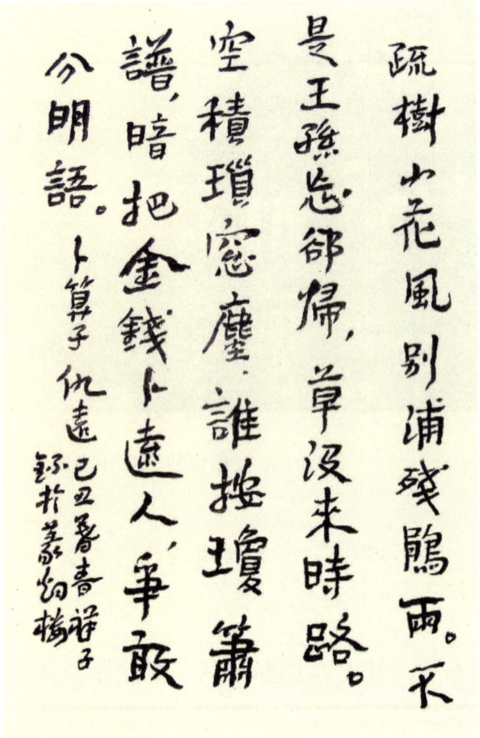

仇远诗作的书法作品

带。”烟柳露草，宛如裙腰，这是断桥春天的景致，历数百年没有大的改变。由断桥到孤山踏雪寻梅是文人的雅兴。断桥宋名“宝祐桥”，又有“段家桥”“段桥”之称，元仍之，这在元人的诗歌中多有描述，如：“下马题诗岳王寺，解貂沽酒段家桥。”“段家桥头猩色酒，重典春衣沽十千。”“段桥春水绿初柔，更有群凫来上游。”在当时，断桥与段桥两名是通用的，但后代却只用断桥了。正所谓“小玉移莲棹，阿琼横玉箫，贪看荷花过断桥”。

明人洪丞《断桥闲望》诗云：

闲作步上断桥头，到眼无穷胜景收。
细柳织烟丝易滑，青屏拂鸟影难留。
斜拖一道裙腰绕，横着千寻境面浮。
投者近来忘俗累，眷怀逋客旧风流。

闲来上桥，收获无穷胜景应是洪丞未曾预料的。桥景有了细柳的映衬，更添韵味，引得无数人儿忘掉俗世的拖累，沉醉其中。西湖十景中的

“断桥残雪”，一般指冬日雪后，桥的阳面冰雪消融，但阴面仍有残雪似银，从高处眺望，桥似断非断，有对联“断桥桥不断，残雪雪未残”的评价。伫立雪霁西湖，举目四望，但见断桥残雪似银，冻湖如墨，黑白分明，远山近水，尽收眼底，动人心魄，堪称赏景之佳处。桥的东北有碑亭，内立“断桥残雪”碑。断桥的闻名还因了我国著名的民间传说《白蛇传》，戏剧中有一幕“断桥相会”，为断桥景物增添了一种浪漫的色彩。

西湖的澄澈给仇远带来一种净化，以抛却世俗的纷扰繁杂，实在是其一大幸事。无论是因为西湖的秀绝让他可以屏蔽世事的无奈与悲痛，还是缘于为美景作诗可喻心志、发泄愁绪，仇远与西湖的关系已然密不可分。他有不少诗词记述了杭州西湖，今举数首，如《阮郎归》：

教他双燕意循循，隔湖杨柳深。芹香泥滑趁新晴，差池来往频。　　春浪暖，绿无痕，醒人也醉人。断桥日落水云昏，归舟个个轻。

“阮郎归”是词牌名，仇远的这首词，用词婉约，意蕴深厚。春意盎然之时，杨柳深深，新晴时刻，绿浪滚滚，让人从冬日的憋闷中苏醒过来，同时又以它的美好引诱人们沉迷。黄昏日落，断桥之上，水天一色。这首词，细腻地刻画出了西湖春日的秀美，又有何人能够辜负此等良辰美景而自顾自地沉迷于小我中呢？

又《闲居十咏》（选录3首）：

阶前紫蔓金丝草，篱角红垂锦带花。
梓泽平泉易销歇，春留富贵与诗家。

仰屋著书无笔力，闭门觅句费心机。
不如花下冥冥坐，静看蜻蜓蛱蝶飞。

新竹修修绿覆墙，读书门外亦阴凉。
道人清福不肯受，却入西山看夕阳。

这三首诗是对仇远闲雅生活的描绘。回看这几首诗，阶前蔓草青青，篱笆上垂落红花，诗人在家中费尽心思作诗凿句，不如花丛下，冥然而坐，静静地看着蜻蜓蝴蝶飞来飞往，新竹修长，门前阴凉。“道人清福不肯受，却入西山看夕阳。”这句话也让我们不禁深思，即使其生性雅澹，向往山川之美，他却放不下俗世，不肯、不愿、不想去享受道人出世的福分，那是他内心的矛盾与挣扎。

仇远晚年曾住在余杭仇溪，归隐钱塘门白龟池边，时称“山村居”。死后葬在西湖北岸栖霞岭下。落叶归根，山村先生与西湖兜兜转转，终究长久共存。这是他与杭州逃不开的缘分。只有西湖能够孕育出仇远的一生，差一分差一毫，仇远就不再是仇远，至少不再是生性雅澹、喜爱游历的仇远，不再是才华横溢的山村先生，不再是洒脱淡然、不惧于自嘲的山翁。少了仇远，西湖也不再是有着“香影色”的西湖，不再是《阮郎归》中“醒人也醉人”的西湖。栖霞山下，人们永远忘不了山村先生的节气与豪情，亦忘不了他的洒脱与淡然。

西湖诗人白廷玉

上湖十里卷帘中，幻出瑶华第一宫。
山势蹴天银作浪，柳行扑地玉为虹。
渔蓑鹤氅同为我，爵舌羊羔不负公。
明日凤城朝退早，一鞭曾约试吟骢。

这首《湖楼玩雪》是西湖诗人白廷玉为西湖所作的一首雪景诗。该诗意境开阔，有一股爽朗之气，突破了诗人素来的婉丽恬淡，风格依旧不事雕琢。十里西湖铺陈开来，幻化出瑶华第一宫，山势聚拢，银装素裹，水天一色，柳枝垂地。身着渔蓑的是他，披着鹤氅的也是他——西湖诗人白廷玉。

白廷玉与和他共称“仇白”的仇远同为钱塘（今浙江杭州）人，他们一生围绕西湖写了许多诗，为西湖增添了几多诗情画意，更让西湖的美不至于因为历史的冲刷而荡然无存，留给后人以想象空间。包括汪元量、马臻等人在内的这类杭州本土诗人被称为“西湖乡土诗人”。西湖景区种种景物都是西湖乡土诗人的诗题。毫无疑问，他们对这类景物最为熟悉，更能写出西湖一天中不同时刻的变化以及一年中不同季节的变化。而白珽更是自命为西湖诗人。我想，这是名副其实的。据史书记载，白珽死后，葬在栖霞山之阳，“其子遵治命，题曰‘西湖诗人白君之墓’”，这便是西湖诗人背后的一段故事。

白珽（1248—1328），字廷玉，钱塘（今浙江杭州）人。他自幼聪慧，喜读书，博通经史。本来应该在官场或者说世间有一番大造化，不说救世济民，就是改善一二也是相当不错了。然而，白珽与仇远同为宋代遗民，接受的是最为正统的南方汉族教育。因此，对于谨遵华夷之辨的白珽来说，即使宋的腐败无能早已预示了它的灭亡，宋朝最后的倾覆仍旧是一个毁灭性的打击。失意困顿之下，寄情山水、隐居山林以逃避世俗或许能让其聊以安慰。白珽所居西湖，有泉自天竺来，及门而汇，榜之曰湛渊，因以自号，故白珽先号“湛渊”，著有《湛渊集》。晚归老栖霞，又号“栖霞山人”。西湖是孕育他才情的温床，滋养其灵魂的诗意之地。从出生到落叶归根，西湖诗人白珽为西湖留下了太多东西，由此其与西湖的缘分已然不能仅用深厚来形容了。

净慈寺（老照片）

“西湖日日船如织，半在南屏第一山”，说的便是西湖南屏山，南屏山在杭州西湖南岸、玉皇山之北，九曜山之东，主峰海拔101米，林木茂盛。南屏山是九曜山的分支，此山山峰耸秀，怪石玲珑，棱壁横坡，宛若屏障。又因地处杭城之南，有石壁如屏障，故名“南屏山”。山巅的主峰为慧日峰，其山体有许多峭壁、空穴，石景颇多，尤其以北麓“南屏晚钟”一景称胜湖上，即指净慈寺傍晚的钟声。南屏晚钟是“西湖十景”之一，引得无数人慕名而来。山上有多处古代摩崖题刻和佛教古迹留存至今。当时，山麓多佛寺，一名佛国山。

而被白珽称为“南有翠芳，兰槐在焉”的翠芳园，便在南屏山正对面（一作在南屏山东），所以翠芳园即为南屏御园，又名屏山御园或屏山园。南屏御园在钱湖门外南新路口、净慈寺南，建于南宋开庆元年（1259），内司展建。理宗朝时改名为翠芳园。此园的范围较大，东至希夷堂，直抵雷峰山下，西至南新路口，水环五花亭外。“南有翠芳，兰槐在焉。”“兰槐”为一御舟名，由此我们可知此园与西湖相通。一艘小船，便能遍览西湖美景。园内有八面亭堂，站在亭中，一片湖山俱在眼

西湖全景

前。旧有海查一树，开小红花，移根很难独存园门外。董嗣杲《西湖百咏·翠芳园》诗赞道：

翠挹南山树石苍，五花亭外万花芳。
云芝栱斗晴檐湿，金字屏风水榭凉。
柳接苏堤无空地，萍侵兰棹有深坊。
未几移筑仙宫邃，一本红查委路傍。

山势高耸，树茂石苍。云芝气清，天朗檐湿。柳垂苏堤，兰棹游湖。南屏御园之美，和谐自然。海查一树，立于路旁，似是招牌，不叫人挪动。咸淳四年（1268），“尽徙材植，以相宗阳宫之役”。于是，南屏御园的闲雅景色遭到了严重的破坏，萧瑟败落。时至今日，我们已经失去了此等美景，有的是“惟门闳俨然”。

南屏御园之后，便是白珽在《西湖赋》中所说的“蔼梅坡之绿阴，通

花家之红霭”的梅坡园，短短两句，颜色分明，红绿对比，对仗工整，无论是绿树之隐蔽还是红花之遮挡都悄然现于眼前。据董嗣杲《西湖百咏》卷下载：“在小麦岭北、龙井路口，旌德显庆寺西。园又称恭圣仁烈杨太后宅园、杨郡王园或总绣园、总秀园。”即指此处。董嗣杲《西湖百咏·梅坡园》诗描述道：

墙拥双扉锁锦窝，溪声不敌树声多。
谁家种麦曾名岭，今日寻梅且陟坡。
万厦栋梁巢燕雀，四山风日养松萝。
园丁自饱栽花利，月给杨家得几何？

此诗以“溪声”与“树声”对比，生动形象地写出了梅坡园树木繁茂之景。历经险坡寻梅，自有“梅花香自苦寒来”之感，当然，这更是自身的苦寒之痛，扑鼻的是自身的芬芳。

下竺寺园又与梅坡美景的美截然不同。白珽《西湖赋》云：“犍竺有三，连甍接墉，观自下而中而上，始王囿而臻大士之宫。”这里所谓的“王囿”，即指下竺寺园。下竺寺园又称“下竺御园”，位于下天竺灵山教寺内。《武林旧事》卷五《湖山胜概》云：“大抵灵竺之胜，周回数十里，岩壑尤美，实聚于下天竺寺。”宋高宗曾至此游览，并赐匾。周必大

《丁酉二月二十日，同部中诸公游下竺御园，坐枕流亭，观放闸，桃花数万点随流而下。继至集芳，亦禁籞也，海棠满山，郁李绕栏，殆不类人间世。明日入部，而桃花数枝伶俜窗外。未时，内直则海棠、郁李各一株方开。遂二赋绝句》云：

万点红随雪浪翻，恍疑身到武陵源。
归来上界多官府，人与残花两不言。

清胜堂前花万重，玉堂署里两芳丛。
应怜寓直清无侣，聊伴衰翁宿禁中。

下竺寺园最美的要数满山的海棠与数万点桃花了。在诗中，诗人仿佛来到了武陵源，无数文人雅士的向往之地。为什么说是“武陵源”呢？“此景只应天上有”的美当然是条件之一，更多的是那超越世俗的美，那种脱离纷扰、眼中只有诗人自己与眼前美景的境界。

南宋灭亡前夕，白珽作《西湖赋》，全面介绍了西湖的山水古迹、风土人情，洋洋洒洒近万言。这或许便是白珽的一种神奇的使命感吧。不难想象，这是一个多么庞大的工作量。然而，白珽先生为了生养自己的西湖，为了自己的一生信仰，为了西湖醉人的美景，为了百姓的精神境界，完成了这一浩大的工程。当然，这也可能是白珽在宋灭亡之际的最后挣扎。《西湖游览志余》卷一二《才情雅致》选有白珽《西湖赋》两首与诗多首，其《湖居杂兴》诗八首，今选三首：

御舟初出赏春菲，传是诸王与后妃。

香雾渐深帘幕暗，日斜惟见淡黄衣。

御舟而出，观赏春天芳菲，相传这是诸王与后妃出游的时节。芬芳入鼻，帘幕合闭，夕阳斜下，只见淡黄衣。诗人以白描的手法简练地叙说了整个事件的过程，简洁明了，写出诗人的春日游湖之雅致。

龙舟晓发断桥西，别有轻舟两两随。
春色可人晴较稳，酒家争出柳梢旗。

相国平泉水竹居，吴中花石世间无。
游人马上休回首，一半春风在里湖。

这两首诗也都描绘了春日之美，龙舟于晓出发至于断桥之西，吴越之花石为世间之绝无仅有，依旧是出游于春光明媚的日子，春色可人，“酒家争出柳梢旗”“一半春风在里湖”可谓一派其乐融融。

宋亡后，白珽以设馆授徒为业。杭州一部分遗民组织诗社，名“孤山社”，白珽便是孤山社的成员。元朝慕其才名，以安丰县丞召之，不赴，曾辞谢伯颜、程钜夫的推荐，闭门读书十余年。后游中原、大都。为了生计，曾出任太平路儒学学正、常州路儒学教授、江浙儒学副提举、兰溪州判官等职。与仇远情况相似，作为南人文士，白珽于宋亡后亦无用仕之心，隐居授馆，但又都在元王朝统一后在征聘遗贤名义下被选做小官，大违素志。故其心态亦多矛盾、苦恼之处，且往往与故国之思、兴亡之感联系起来。

佚名《西湖春晓图》

人生堕地少如意，老子对天无愧颜。

千古菟裘有遗恨，断圭残璧自人间。

这首诗用夸张的手法道尽了人生的不如意和自己的问心无愧，一种文人的歇斯底里充斥其间，却没有明确“少如意”“有遗恨”的缘故与所指。被元朝征召后，白珽出任太平路学正，未几又调常州路教授，与其类似的仇远呢，刚受任溧阳教授，又转宝庆路。这些几乎是折腾人的毫无缘由的“调官”，不能不使这些堪称“南人”精英的儒士产生形同“弃屣”的痛感，只能悲叹“吾道”细弱“如丝”了。上诗表明自从诗人自己呱呱坠地，来到人间以来，似乎很少如意之事。诗人自觉无愧于天地，有的只是无法消解的遗憾和愤懑。

原本谨遵华夷之辨的南方文人精英在宋灭亡后大都受到了生命无法承

受之重，纷纷选择出世或者说寄情山水，本已无意纠缠于世俗，又因元廷巩固政权之手段回到了这令他们痛苦非常的人间。毁灭之下，似乎又看到了济世的希望，无来由的打压将吹灭这最后的微弱光明，即将陷入泥潭而不得翻身之际，西湖之美好像又唤醒了诗人沉睡的魂魄。最后是白廷玉的一首描写闲适农家生活的《余杭四月》：

四月余杭道，一晴生意繁。
朱樱青豆酒，绿草白鹅村。
水满船头滑，风轻袖影翻。
几家蚕事动，寂寂昼门关。

四月的余杭道，朱樱、青豆酒、绿草、白鹅，在每个村子具备。水位上涨，船头滑动，微风带来衣袖翻飞。蚕事成为主要的音符，这便是农家，便是西湖——白廷玉念念不忘、倾注全情的西湖。

张炎抒兴亡之思

接叶巢莺，平波卷絮，断桥斜日归船。能几番游？看花又是明年。东风且伴蔷薇住，到蔷薇、春已堪怜。更凄然，万绿西泠，一抹荒烟。　　当年燕子如何处？但苔深韦曲，草暗斜川。见说新愁，如今也到鸥边。无心再续笙歌梦，掩重门、浅醉闲眠。莫开帘，怕见飞花，怕听啼鹃。

这首《高阳台·西湖春感》便是张炎抒发兴亡之思的代表作。此词作于临安（今浙江杭州）沦丧之际，宋帝被俘，而南宋流亡政府尚存。面对巨变，被称为宋朝最后一位词人的张炎提笔描绘西湖，他以低回往复的手法，叙写心中缕缕盛衰兴亡之感，词调哀婉雅丽、凄凉幽怨。词中紧紧围绕着暮春西湖展开描绘，所谓“西湖的暮春”或许指的就是宋王朝的尽头。暮春时节，绿叶茂盛，这是春季没落、夏季昌盛的预兆。断桥之上，夕阳斜射在归来的船只上，试问又能游几次西湖呢？如许美景再来，又是明年。悄悄的，景色变迁，当年的燕子又该回到何处呢？我们“无心再续笙歌梦”，亦开始“怕见飞花，怕听啼鹃”。诗中从伤春、惜春之表透及对今昔盛衰和国破家亡的深层感触。

张炎，字叔夏，号玉田，晚号乐笑翁。临安（今浙江杭州）人，祖籍成纪（今属甘肃）。其曾祖父张镃，祖父张濡，父张枢，皆是精通音律的词家。可以说，张炎是在音律之家中长大的，这样的他无疑精通诗词，对于音律更是信手拈来。张炎早期的诗词多吟唱风花雪月，反映了贵族公子的优游生活。宋亡后，张炎家产丧失，遂只能浪迹江湖，词风亦变得悲婉凄凉。不同于仇远等文人谨遵华夷之辨，张炎仍旧希望为天下苍生献一份力量。为此，他北游大都（今北京），谋求一官半职。然而，时运不济，张炎最终未能如意，遂失意归杭。落魄之下，他游历于杭州、绍兴、苏州等地，创作了许多描写江浙一带乡村生活的诗词。

古木迷鸦，虚堂起燕，欢游转眼惊心。南圃东窗，酸风扫尽芳尘。鬓貂飞入平原草，最可怜、浑是秋阴。夜沉沉，不信归魂，不到花深。　　吹箫踏叶幽寻去，任船依断石，袖裹寒云。老桂悬香，珊瑚碎击无声。故园已是愁如许，抚残碑、却又伤今。更关情，秋水人家，斜照西泠。

这是张炎为庆乐园而写的《高阳台》词。据说，张炎过庆乐园时，这里仅存丹桂100余株，有碑记倒在丛草之中，当年热闹一时的场景如今却荒凉潦倒至此。令人唏嘘的昔盛今衰的强烈对比，引得张炎写下了这首悲怆哀凄之作。也正是因为庆乐园的遭遇，与张炎前期优游、后期潦倒乃至宋朝的昔盛今衰高度重合，这首《高阳台》才会显得如此哀婉感人。

李嵩《西湖图》

该词所描写的庆乐园位于钱湖门外瑞石山麓、南山长桥西面。庆元三年（1197），由宋宁宗赐给权臣韩侂胄，遂更名为“南园”。韩死后复归皇家所有，改名为“庆乐园”。园内有梅关、桂林之胜景，且蓄养众多的珍禽异兽。园内亭馆极多，据《武林旧事》卷五《湖山胜概》载有“许闲堂、和容射厅、寒碧台、藏春门、凌风阁、西湖洞天、归耕庄、清芬堂、岁寒堂、夹芳、豁望、矜春、鲜霞、忘机、照香、堆锦、远尘、幽翠、红香、多稼、晚节香等亭。秀石为上，内作十样锦亭，并射圃、流杯等处”。十样锦亭，工巧无二。亭之多之美，令人赞叹不已。此外，还有山洞、走马廊等。堂宇宏丽，尚有野店村庄装点其间。当时的文人雅士对其有着许多描述，如周密有诗句云：“清芬堂下千株桂，犹是韩家旧赐园。”这句诗就描写了庆乐园中的清芬堂所种植的千株桂树，恍惚间似乎又回到了当年权臣韩侂胄当道门庭络绎不绝的场景。

说到张炎与西湖的渊源，“西湖吟社”是重要环节。这一时期的南宋词人不同于先前张先、柳永、周邦彦西湖词的绮罗笙歌、富贵气象，而是发展了苏轼《好事近·湖上》《虞美人·有美堂赠述古》所表现的在自然山水中超脱现实苦难、回归自然的词风，更加入了身为江湖诗人的空幻感、南宋文人在时世颓废和理学兴盛后产生的内敛情绪。于是“西湖吟社”应运而生。宋理宗景定五年（1264）夏，杨缵召集张枢、周密、施岳、李彭老、吴文英、徐理、张炎、王沂孙、毛敏仲、徐天民等人，逃暑于环碧园，以词会友、聚会作词，自称“西湖吟社”，后人称之为“西湖词社”。

环碧园又名“清晖园”，原属杨郡王府，后属慈明皇太后（即恭圣仁烈杨太后）。其位置，据《武林旧事》卷五《湖山胜概》云，在北山路；而《淳祐临安志》卷六《楼观》则云：“在丰豫门外，慈明皇太后宅园，直柳洲寺之侧，面西湖，于是为中，尽得南北西山之胜。园中堂匾，皆宁宗皇帝御书。”董嗣杲在《西湖百咏·环碧园》诗序中说：“环碧园，在丰乐楼北，柳洲之侧。恭圣仁烈杨太后宅园。”在诗中更是赞道：

绕舍晴波聚钓仙，五龙池畔柳洲前。
清虚不类侯家屋，轮奂曾资母后钱。
三面轩窗秋水观，四时箫鼓夕阳船。
揽将山北山南翠，独有黄昏得景全。

这首诗将环碧园的清虚之姿体现得淋漓尽致。天朗气清之际，五龙池畔，雅士相聚垂钓，独得黄昏美景全部，真是“清虚不类侯家屋”。西湖吟社代表人物除了董嗣杲以外，姜白石之词也以语辞的雕饰、字句的锤炼、词境的锻造为特色，张炎曾在《词源》称：“姜白石词如野云孤飞，去留无迹。”宋末国亡之际，西湖吟社并没有消逝，反而在特殊历史时期中将比兴寄托的词风发扬光大，直至充满精神力量的绝妙境界。从后期西湖吟社灵魂人物周密再次回到杭州的宋端宗景炎二年（1277）开始，西湖吟社作为当时著名的遗民诗（词）社复活了，如周密与王沂孙、张炎、仇远、李彭老等词人《乐府补题》的咏物唱和。周密有《探芳讯·西泠春感》云：

步晴昼，向水院维舟，津亭唤酒。叹刘郎重到，依依谩怀旧。东风空结丁香怨，花与人俱瘦。甚凄凉，暗草沿池，冷苔侵甃。

桥外晚风骤，正香雪、随波浅烟迷岫。废苑尘梁，如今燕来否？翠云零落空堤冷，往事休回首。最消魂、一片斜阳恋柳。

维舟唤酒，“叹刘郎重到”“花与人俱瘦”，桥外晚风骤起，往事不堪回首。此词虽极写眼前西湖景色的惨淡，却蕴含着对往日西湖之盛、无忧岁月的无限依恋，而这种孩童般的依恋更是让深沉的兴亡之感显露无遗。再如张炎的《高阳台·西湖春感》，更是极得迷惘感伤之致。以往，存在一些评价认为西湖吟社是形式主义的，但其实这些西湖词人的创作是思想与艺术并重的，是这些诗人对国家兴亡最为含蓄内敛而又深沉的表达。平心而论，他们承姜词，“创造了最得词蕴委婉本色的最高艺术典范，使西湖词成为后世词的楷模”。

作为西湖吟社重要成员的张炎，被认为是宋朝最后一位重要诗人。我们可以看到一般讲南宋词的著作之末都会选择张炎为代表。或许可以说，在宋词这支柔丽的长曲中，张炎的词是最后的一个美妙音节，也是最后的一声歌唱。由于他的词寄托了乡国衰亡之痛，备极苍凉，因此也可以说，他的声音也就是南宋末期的时代之声。张炎的后半生一直处于失意之中。宋朝灭亡的打击再加上仕途失意，也算得上是“千古伤心人”之一了。前半生贵公子的优游生活和后半生潦倒使其一生怀抱空狂，又恃才傲物，几乎日日花前为醉，号呼挥写，以至于郑思肖评价他说：“鼓吹春声于繁华世界……能令后三十年西湖锦绣山水，犹生清响。”张炎的一生都在写西湖。他以清雅之词绘西湖之景，吟西湖之歌，让我们至今都能够通过他的诗词一赏西湖盛景，即使许多的美景已经在一次次的历史更迭中败落了下来。

文人骨子里的骄傲让张炎只能寄情于诗词歌赋，寄情于西湖的一花一叶。当然，作词吟诗对于文人雅士来说是一种消遣娱乐，也是一种宣泄。张炎生长在西湖的诗情画意之中，又受家庭音律环境的熏陶，因此他一生主张清雅之词。他精通音律，审音拈韵，细致入微，遣词造句，流丽清

南宋　无款《长桥卧波图页》

畅，其为词主张“清空”“骚雅”，倾慕周邦彦、姜夔。多写个人哀怨抒发兴亡之思，并长于咏物，常以清空之笔，写沦落之悲，带有鲜明的时代印记。以哀词抒哀情，而不是“为赋新词强说愁”，这是南宋末期词人大都逃不开的枷锁。

像张炎一样的西湖词人，生于西湖，长于西湖，归于西湖，也为万千景色都了然于胸的西湖，写下来他们心中的沟壑。张炎有词《鹧鸪天》：

楼上谁将玉笛吹，山前水阔暝云低。劳劳燕子人千里，落落梨花雨一枝。　　修禊近，卖饧时，故乡惟有梦相随。夜来折得江头柳，不是苏堤也皱眉。

西湖老照片

高楼之上是谁把玉笛吹响，青山之前，湖水辽阔，暝云低垂，修禊时节，故乡却只能在梦中出现。夜晚折下江头的柳枝，眉头却因苏堤的缺席而皱起。毫无疑问，这首词写出了词人对家乡的深深依恋。虽未直接写出西湖之美，那无尽的思念早已在不言之中。张炎晚年归隐杭州，靠在四明书肆卖卜维持生计，落拓而终。如斯雅士，终于不用再受漂泊之苦，而他的文雅之气将历久弥新。

施耐庵笔下西湖

话说浙江钱塘西湖这个去处，果然天生佳丽，水秀山明，正是帝王建都之所，名实相孚，繁华第一。自古道：江浙昔时都会，钱塘自古繁华。休言城内风光，且说西湖景物：有一万顷碧澄澄掩映琉璃，列三千面青娜娜参差翡翠。春风湖上，艳桃秾李如描；夏日池中，绿盖红莲似画。秋云涵茹，看南园嫩菊堆金；冬雪纷飞，观北岭寒梅破玉。九里松青烟细细，六桥水碧响泠泠。晓霞连映三天竺，暮云深锁二高峰。风生在猿呼洞口，雨飞来龙井山头。三贤堂畔，一条鳌背侵天；四圣观前，百丈祥云缭绕。苏公堤，东坡古迹；孤山路，和靖旧居。访友客投灵隐去，簪花人逐净慈来。平昔只闻三岛远，岂知湖上胜蓬莱。

施耐庵将西湖景色都缀入这短短的一段之中，细致地展现了西湖的绝色美景。西湖的碧澄婀娜，春夏秋冬的各色胜景，无不令人心生遐想。从湖畔春风桃李到湖中夏日红莲，从南园秋菊到北岭寒梅，施耐庵笔下的西湖，着实惹人欢爱。

宋以前，中国经济中心在北方，随着南宋偏居一隅，定都临安（今浙江杭州），经济重心南移，有关西湖的诗词也蓬勃起来。而施耐庵为元末明初人，世人一般认为他是钱塘（今浙江杭州）人。然据后来《兴化县续志》所载其墓志和传记，说他名耳，字子安，号耐庵，祖籍姑苏（今江苏苏州）。元至顺年间（1330—1333），他考中进士，出任钱塘数年，因与当权者不合，弃官回苏州，从事文学创作。又传他与元末在苏州率兵起义的张士诚部将卞元亨关系亲密，为躲避张士诚幕聘而举家迁往淮安，以天年终。也有人认为他很可能是一个专门为钱塘瓦舍书肆的说书艺人编写话本的书会才人，或者就是一个编说皆备、技艺精湛的说书艺人，后弃官为

六和塔旧影

文去了苏州。但无论如何，施耐庵笔下如诗如画的西湖是我们不能否认的存在。能够如此细致地描写一处风景，施耐庵应当在杭州长期生活过。不过，施耐庵是浙江钱塘人也好，是出任钱塘数年的苏州人也罢，他与杭州、《水浒传》与杭州的不解之缘就这样结下了。与传统典雅的诗词歌赋不同，施耐庵用了一种完全不同的、更为细致白话的方式描写杭州西湖：

> 自从钱王开创已来，便自齐整。旧宋以前，唤做清河镇，钱王手里改为杭州宁海军。高宗车驾南渡之后，唤做花花临安府。钱王之时，只有十座城门，后南渡建都，又添了三座城门。目今方腊占据时，东有菜市门、荐桥门，南有候潮门、嘉会门，西有钱湖门、清波门、涌金门、钱塘门，北有北关门、艮山门，城子方圆八十里。

这是《水浒传》中对杭州城沿革的描述，好似一张杭州城的历史画卷在我们面前徐徐展开。除此之外，《水浒传》第114回中记杭州道：“杭州城郭阔远，人烟稠密，东北旱路，南面大江，西面是湖。”由此，杭州城的地理位置清晰地展现于人们的眼中。

在《水浒传》中，还有许多与西湖相关的人物与情节，如第114回的回目中提及的“涌金门张顺归神”，所说的涌金门就是杭州城的城门之一。这一回记载了张顺进入西湖岸边所看到的情形，其中云：

看见那三面青山，一湖绿水，远望城郭，四座禁门，临着湖岸。那四座门？钱塘门、涌金门、清波门、钱湖门。看官听说，那时西湖不比南渡以后，安排得十分的富贵。盖为金、宋二国讲和，罢战休兵，天下太平，皇帝建都之地，如何不富盛？西湖上排着数十处游赏去处。那时三面青山，景物非常，画船酒馆，水阁凉亭，其实好看。

浪里白条张顺上应天罡三十六星之天损星，因此在杭州西湖涌金门死后，西湖震泽龙君感其忠义，收作金华太保，留于水府龙宫为神，故死去名为归神。施耐庵在创作这些故事时自然而然地以心底深处忘不掉也不能忘的西湖为背景。

在这一回中，除了引用苏东坡咏西湖之“水光潋滟晴方好，山色空

吴山脚下（20 世纪 30 年代）

蒙雨亦奇。欲把西湖比西子，淡妆浓抹总相宜”以外，还引用了两首曲、词。第一首曲单道西湖好景，其中云：

三吴都会地，千古羡无穷。凿开混沌，何年涌出水晶宫。春路如描桃杏发，秋赏金菊芙蓉，夏宴鲜藕池中。柳影六桥明月，花香十里熏风。

也宜晴，也宜雨，也宜风，冬景淡妆浓。王孙公子，亭台阁内，管弦中。北岭寒梅破玉，南屏九里苍松。四面青山叠翠，侵汉二高峰。疑是蓬莱景，分开第一重。

杭州是古时吴越之地，春季桃杏发，金菊芙蓉时节，抑或夏藕春柳，花香熏人。西湖就是天底下那最正正好的美人，多一分、少一分，风采就不再。它能驾驭天下最美好的词汇，四季变化，而美不变，总是给人眼前一新的感觉。

第二首词则专道西湖好处，其中云：

自古钱塘风景，西湖歌舞欢筵。游人终日玩花船，箫鼓夕阳不断。昭庆坛圣僧古迹，放生池千叶红莲。苏公堤红桃绿柳，林逋宅竹馆梅轩。雷峰塔上景萧然，清净慈门亭苑。　　三天竺晓霞低映，二高峰浓抹云烟。太子湾一泓秋水，佛国山翠蔼连绵。九里松青萝共翠，雨飞来龙井山边。西陵桥上水连天，六桥金线柳，缆住采莲船。断桥回首不堪观，一辈先人不见。

钱塘风景，自古名动天下，夕阳下的圣僧古迹，萧鼓绕昭庆坛，放生池、苏公堤、林逋宅、雷峰塔、太子湾、西泠桥，西湖可谓处处成景。双目所见，无不是景。

在这回故事中，接下来又记张顺来到西泠桥上，看了半晌，时当春暖，西湖水色拖蓝，四面山光叠翠。张顺有一番对西湖美景的感慨之言，其中道："我身生在浔阳江上，大风巨浪，经了万千，何曾见这一湖好水！便死在这里，也做个快活鬼！"最终，我们的这位好汉死在了涌金门城下，归于西湖。在周清原《西湖二集》中，同样也提到了《水浒传》里的人物张顺，值得关注。关于张顺其人，来斯行《槎庵小乘》曾经有记载，而《西湖二集》又提到了，依然说的是他和张贵救襄阳身死的故事。写到立祠后，并赞之以诗："忠臣张顺救襄阳，力战身亡庙祀双。此是忠臣非盗贼，休将水浒论行藏。"

除此之外，杭州也在《水浒传》许多名人故事中出现。花和尚鲁智深在《水浒传》中是一位颇令读者景仰的人物。而这位花和尚，"最后的坐化之处也是在钱塘江旁的六和寺，其骨殖葬入六和塔山后塔院中"。小说第119回记鲁智深是关西汉子，并不了解钱塘江的潮信，甚至误把潮声当成战鼓声。为此，六和寺中的僧人还专门给鲁智深解释了钱塘江的潮信，其中道："这潮信日夜两番来，并不违时刻。今朝是八月十五日，合当三更子时潮来。因不失信，谓之潮信。"这段话描述了钱塘江的潮信，潮水准时而来，规律不变，潮信由此而来。除了钱塘江大潮恒定的规律，其气势也为人津津乐道。想必学过《观潮》的人都不会忘了这一句话："方其远出海门，仅如银线，既而渐近，则玉城雪岭际天而来，大声如雷霆，震撼激射，吞天沃日，势极雄豪。"

而花和尚圆寂的六和塔，即位于杭州钱塘江畔月轮山上，是全国重点文物保护单位以及观赏钱江秋潮的最佳地点之一，为"西湖三十景"之

《水浒传》插画“六和寺圆寂”

一，名“六和听涛”。其为智元禅师为镇江潮而造，取佛教“六和敬”之义，得名“六和塔”。始建于北宋开宝三年（970），塔高近60米，外看13层，塔内只有7层，属楼阁式塔。后经历烧毁重建，于清光绪二十五年（1899）重修大改宋塔形制。塔中的须弥座上有200多处砖雕，砖雕的题材丰富，造型生动，是中国古建筑史上珍贵的实物资料。塔内保存众多文物古迹，较著名的有南宋尚书省牒碑与四十二家书写的四十二章经残石。20世纪90年代在六和塔近旁新建“中华古塔博览苑”，将中国各地著名的塔缩微雕刻而成，集中展示了中国古代建筑文化的成就。

六和塔也是著名的观潮胜地。钱塘江潮汐，是自然造化的杰作，素有世界奇观之誉，一年四季都能领略，尤以中秋前后最为壮观。早在南宋时，六和塔就是观赏钱江秋潮的最佳地点之一，如今，这一带的潮势明显又趋壮阔。登古塔，观大潮，成了月轮山的新游赏内容。宋、元、明三代，以六和塔为中心的杭州江干一带不独观潮之人众多，甚至还形成了许多传统人文活动景观。明代以后，由于江道弯曲，潮势逐渐东移，海宁盐官镇遂成为新的观潮中心，但六和塔仍一直是秋观江潮的重要地点。

《水浒传》故事中，特别是在征讨方腊的战役里，几乎涉及杭州所有县市区的名字，卢俊义率领的偏师自临安出昱岭关打到安徽歙县，再由歙县回攻淳安，两面夹击方腊，最终因种种原因，寡不敌众，归于失败。文中引用杭州的老地名特别多，也很准确。108位好汉有多位死于杭州，如张顺战死在涌金门，鲁智深、武松、林冲均殁于六和塔（六和寺）。此外，小说中使用杭州方言500余处，儿化音随处可见。

施耐庵先生与杭州西湖的深厚缘分，使得西湖之景处处融于《水浒传》之中，或许施耐庵的精神亦早已深深镌刻上了西湖的印记，他对杭州的了解和熟悉程度着实让人感佩，恐怕连土生土长的杭州本地人都唯恐不及。杭州西湖为《水浒传》提供了写作素材，而施耐庵先生则用他的妙笔为杭州增添了一丝情味。

冯梦龙写西湖事

山外青山楼外楼，西湖歌舞几时休？

暖风薰得游人醉，直把杭州作汴州。

话说西湖景致，山水鲜明。晋朝咸和年间，山水大发，汹涌流入西门。忽然水内有牛一头见，浑身金色。后水退，其牛随行至北山，不知去向。哄动杭州市上之人，皆以为显化。所以建立一寺，名曰金牛寺。西门，即今之涌金门，立一座庙，号金华将军。当时有一番僧，法名浑寿罗，到此武林郡云游，玩其山景，道：“灵鹫山前小峰一座忽然不见，原来飞到此处。”当时人皆不信。僧言：“我记得灵鹫山前峰岭，唤做灵鹫岭，这山洞里有个白猿，看我呼出为验。”果然呼出白猿来。山前有一亭，今唤做冷泉亭。

上文选自冯梦龙《警世通言》第28卷《白娘子永镇雷峰塔》的首段，先以林升的《题临安邸》开篇，西湖的暖风歌舞熏人之态展露于我们的眼前，之后则逐一介绍了金牛寺、涌金门、冷泉亭的来历。金牛之显化让众人惊诧，神灵的观念孕育了金牛寺，灵鹫岭的白猿倍显奇异，故事中的神话色彩至今为人津津乐道。宋代诗人俞德邻有诗云：“西马塍边红杏雨，金牛寺外白杨风。杭人忧乐多如此，傥有圣贤吾欲中。”这首诗描写的便是杭城的金牛寺，寺外的白杨树下，行人如织，喜乐忧患，多与寺之景致一般无二。

之后作者笔锋一转：“说话的，只说西湖美景，仙人古迹。俺今日且说一个俊俏后生，只因游玩西湖，遇着两个妇人，直惹得几处州城，闹动了花街柳巷。有分教才人把笔，编成一本风流话本。单说那子弟，姓甚名谁？遇着甚般样的妇人？惹出甚般样事？有诗为证：‘清明时节雨纷纷，路上行人欲断魂。借问酒家何处有，牧童遥指杏花村。’”冯梦龙巧妙地用杜牧的《清明》一诗来描写白娘子与许宣的相遇，原本一首心思沉郁细密的诗歌经此而趣味横生。

冯梦龙（1574—1646），字犹龙，又字子犹，号龙子犹、墨憨斋主人等，南直隶苏州府长洲县（今江苏苏州）人。明代文学家、思想家、戏曲家，与兄冯梦桂、弟冯梦熊并称“吴下三冯”。冯梦龙的作品比较强调感情和行为，最有名的作品为《喻世明言》《警世通言》《醒世恒言》，合称“三言”。与明代凌濛初的《初刻拍案惊奇》《二刻拍案惊奇》合称“三言两拍”，是中国白话短篇小说的经典代表，以其对通俗文学的创作、搜集、整理、编辑，为中国文学做出了独特的贡献。

要说冯梦龙为西湖写的故事，最广为人知的莫过于上文所提及的白

涌金门（老照片）

《湖山胜概》中的三茅观潮

娘子与许宣的爱情传说。明末，《白蛇传》的故事开始成形。迄今所知《白蛇传》最早的故事成型代表作，即是明代天启四年（1624）冯梦龙编撰的《白娘子永镇雷峰塔》，成为历代改编的基础。发展至清代，《白蛇传》的故事情节均以冯梦龙的故事为模型越趋细致。如成书于清康熙年间的古吴墨浪子辑的《雷峰怪迹》，文字更为凝练，却又依旧沿袭了冯梦龙对于《白蛇传》的编纂。冯梦龙书中对男主人公“许宣”或“小乙官人”的称呼没有变，配角“小青”是一条青鱼，故事情节也写到白蛇与青鱼被镇压在雷峰塔下。

冯梦龙的这则话本与西湖相关的故事包括以下三个方面：首先，在话本的入话中，冯梦龙清晰地交代了西湖诸多景致的由来，如金华将军庙、灵鹫岭白猿、林逋与孤山路、白居易与白堤、苏东坡与苏堤、断桥与西泠桥等。作者通过入话的形式，绘声绘色地将“西湖景致，山水鲜明”一一道来。除此之外，话本中所写主人公许宣与白娘子的爱情故事，两人相识于西湖，最终亦在西湖以悲剧结尾。从此西湖留下了“白娘子永镇雷峰塔”的动人故事，尤其是法海禅师的四句偈言，即“西湖水干，江湖不起，雷峰塔倒，白蛇出世”，在一代又一代的人们的心目中占据了一席之地。最后，这则话本中也有很多关于杭州乃至西湖风俗的记载，尤其是记杭州的美味佳肴，诸如烧鹅之类，更是可以补一般史籍之阙。

据研究者统计，“三言”中有20多篇作品的题材与杭州或西湖有关，除了《白娘子永镇雷峰塔》之外，还包括《卖油郎独占花魁》《沈小官一鸟害七命》《乔太守乱点鸳鸯谱》等名篇。

《卖油郎独占花魁》收入冯梦龙《醒世恒言》第3卷，描写了老实巴交的卖油小贩秦重与青楼花魁王美的爱情故事。故事的主人公莘瑶琴原本住在汴梁城外安乐村，后因战乱，逃难中与家人失散，沦落到西湖为妓，改名王美。而卖油郎秦重也是随养父从汴京逃难而来。这则话本故事的发生地在杭州，故事中与西湖相关的内容主要包括两个方面：首先，作者描写了西湖边上子弟的轻薄行径，如这些公子哥儿喜欢替人编歌谣调笑娱乐，他们所编的一则《桂枝儿》，专门去道花魁娘子的好处：“小娘中，谁似得王美儿的标致，又会写，又会画，又会

《警世通言》书影

做诗，吹弹歌舞都余事。常把西湖比西子，就是西子比他也还不如。那个有福汤着他身儿，也情愿一个死！”其次，话本故事中对杭州民间至西湖边上寺庙的烧香活动也有详细的描摹，如说拈香礼拜，先从昭庆寺起，再至灵隐、法相、净慈、天竺等寺，次第而行。尤其是说到天竺，话本更是作了极为细致的描述，说其是“观音大士的香火，有上天竺、中天竺、下天竺，三处香火俱盛”，云云。诸如此类都让后人对明代西湖民间的烧香习俗有更为深入的了解。

天竺山有著名三寺，时称“天竺三寺”，即上天竺寺、中天竺寺、下天竺寺，均为杭州古代名刹。下天竺创建最早，距今已有1600余年，即使是创建最晚的上天竺寺也有千年的历史。清高宗乾隆命名上、中、下三竺为“法喜寺”“法净寺”“法镜寺”，并亲题寺额。天竺三寺深藏林间山谷，由下而上，寺宇宏丽，景色清幽，高僧辈出，佛学与诗文并茂。《湖山胜概》称：“由月桂峰迤西入佛国山，自下竺，过中竺，至上竺而止，上竺则观音灵感。下竺则古迹为胜，三竺之间，云影天光，泉声松籁，岑寂岛空，香凝钟静，耳目心神之会，觉其迷极其光者，岂不超三界外乎。”三竺均为佛家圣地，三寺之间“天光云影共徘徊”，松针与泉声共振，令人心宁神和。《武林旧事》亦称：“三寺相去里许，皆极宏丽，晨钟暮鼓，彼此间作，高僧徒侣，相聚梵肤，真佛国也。”从上天竺可东至龙井，南至琅铛岭，左通五云山，下至梅家坞。天竺，钟灵毓秀，山岚云影，佛学教观，源远流长。慧理、宝掌、道翊三天竺开山祖师，之后能诗善文、佛学造诣高深的名僧层出不穷，正如苏轼所说的“天竺禅师有故家”，唐代大诗人白居易也赞天竺称“地是佛国土，人非俗交亲”。

却说临安城清波门外，有个开油店的朱十老，三年前过继一个小厮，也是汴京逃难来的，姓秦名重，母亲早丧，父亲秦良，十三岁上将他卖了，自己在上天竺去做香火。朱十老因年老无嗣，又新死了妈妈，把秦重做亲子看成，改名朱重，在店中学做卖油生理。初时父子坐店甚好，后因十老得了腰痛的病，十眠九坐，劳碌不得，另招个伙计，叫做邢权，在店相帮。

这段选自《卖油郎独占花魁》中对秦重的描写。这里面说的清波门在五代吴越时为水门，南宋绍兴二十八年（1158）增筑杭城，为门十三，清波门是西城门之一，门濒湖之东南，取“清波”之意名门，历代沿用。因流福暗沟引湖水入城，俗称暗门。清波门一带古迹众多，历史上曾是诗人墨客及书画家寓居之地，又因门通南山，市民需用薪柴多从此门运入，故有“清波门外柴担儿”之民谣。清波门，也是白蛇传中原白娘子与小青的修炼地，亦是她们与许宣的暂住地。今日的“古清波门”石碑坐落于南山路边柳浪闻莺附近，石碑后面一片竹林苍郁脆嫩，掩映之下亭台楼阁更是古朴雅致，别具一番韵味。

沈周《青山红树图》

原来张公正在涌金门城脚下住，止婆老两口儿，又无儿子。婆儿见张公回来，便道："篾子一条也不动，缘何又回来得早？有甚事干？"张公只不答应，挑着担子径入门歇下，转身关上大门，道："阿婆，你来，我与你说话。恰才如此如此，谋得这一两二钱银子，与你权且快活使用。"两口儿欢天喜地，不在话下。

以上出自《沈小官一鸟害七命》，这一段中的"涌金门"，便是杨蟠诗中"涌金春色晚，吹落碧桃花。一片何人得，流经十万家"的涌金门。王镃亦有诗赞道："涌金门外看花朝，步去船归不见遥。一派笙歌来水上，鹭鸶飞过第三桥。"涌金门即为涌金池，涌金池原是连接西湖和运司河的小河，船归而不见，那遥远之地是人们心底的向往。

冯梦龙在文学上主张"情真"，强调文学作品的通俗性，认为作品通俗易懂才具有强烈的艺术感染力。他在《醒世恒言序》中说："尚理或病于艰深，修词或伤于藻绘，则不足以触里耳，而振恒心。"这里"恒心"指的是文人典雅的作品，"里耳"是闾巷平民的感受，意指只有通俗的作品才能得到闾里小民的欣赏。因此，他所写的"三言"通俗性极强。冯梦龙也将文章从书场搬到了百姓的案头，他为西湖写的众多故事也让西湖之美更多地为群众所知晓和理解。至此，欣赏西湖之美不再是文人雅士的特权，它逐渐进入了百姓的视线。

张岱寻梦西子湖

江南的冬，亦有漫天纷飞的雪，落于黛瓦青墙，落于旧庭深院，落于石桥小舟。江南的雪，娇小柔美，若缓缓而至的白衣女子，洁白轻盈，纯净无瑕。有人说，曾以为，江南是柳，是绿。却不知，江南亦有梅，是红。江南的梅，因雪而绽放，那一树的红，遮掩了满城的绿。江南的雪，亦因了满园傲雪的寒梅，有了醉人的风姿。江南气候宜人，冬日温润，雪比起往年越发的少了。想要看一场风情而潇洒的冰雪，已是奢求。雪在江南，深受喜爱，世人皆对这素净的白色，有着难以割舍的情结。

有这么一个人，他在晚年的某天突发奇想，回顾自己半生繁华、半生凄凉的一生，记《自为墓志铭》：“少为纨绔子弟，极爱繁华。好精舍、好美婢、好娈童、好鲜衣、好美食、好骏马、好华灯、好烟火、好梨园、好鼓吹、好古董、好花鸟”，“余少爱嬉游，名山恣探讨”。他的真诚带有忏悔式，不虚假浮夸。

张岱（1597—1689？），一名维城，字宗子，又字石公，号陶庵、陶庵老人、蝶庵、古剑老人、古剑陶庵、古剑陶庵老人、古剑蝶庵老人，晚年号六休居士，浙江山阴（今浙江绍兴）人，祖籍四川绵竹（故自称“蜀人”）。他是明清之际史学家、文学家，著有《陶庵梦忆》和《石匮书》等。

张岱可以说是一个百科全书式的人物，他的一生大起大落，这世界的新奇玩意儿，他总是想要试一试、玩一玩的。小时候家境充裕，是个富贵哥儿，中年经历国破家亡，为家国奔波，晚年隐居山林，穷困潦倒。张岱曾说过：“人无癖不可与交，以其无深情也；人无疵不可与交，以其无真气也。”这是张岱的交友原则，也是他对事物的情有独钟。

或许正是如此，张岱才可以写出《湖心亭看雪》这样描写西湖雪景的千古名篇。

崇祯五年十二月，余住西湖。大雪三日，湖中人鸟声俱绝。

是日更定矣，余拏一小舟，拥毳衣炉火，独往湖心亭看雪。雾凇沆砀，天与云、与山、与水，上下一白。湖上影子，惟长堤一痕、湖心亭一点，与余舟一芥，舟中人两三粒而已。

到亭上，有两人铺毡对坐，一童子烧酒，炉正沸。见余大喜，曰："湖中焉得更有此人？"拉余同饮。余强饮三大白而别。问其姓氏，是金陵人，客此。

及下船，舟子喃喃曰："莫说相公痴，更有痴似相公者。"

此篇是张岱小品散文中极具代表性的一篇。全文只百余字，篇幅虽小，意境却十分阔大，表达的情绪也异常幽远，从此也可以见其小品文的审美意趣。作者通过写湖心亭赏雪遇到知己之事，表现了孤独寂寞的心境和淡淡的愁绪，突出了作者遗世独立、卓然不群的高雅情趣，同时也寄托了其深沉的故国之思和人生渺茫的慨叹。杭州的冬天是极冷的，现在的杭州人更喜欢在家里吹空调，古人也是围在火炉旁，不愿意出门受冻。但张岱却在连下三天大雪、鸟儿都躲起来时还要出门去看雪。这篇小品文不仅仅妙在这种心境，更是因为张岱找到了志同道合的朋友，但是从"拉余同饮。余强饮三大白而别"中的"拉""强"可以看出张岱这种独自赏雪的心境被破坏，内心还是不情愿的，可见张岱还是最享受一个人的状态。

在号称"小品圣手"的张岱笔下，像《湖心亭看雪》这样的好文不胜枚举。生活若无趣，不如读张岱。

有人说，张岱好文字，"不是那种正大的好，是纨绔子弟的那种好。好的有点儿赖皮，好的不讲道理。明代小品，文字通常是放得开了，但二袁其实还是官员气派，作爽朗作洒脱，自高处平易近人；至于竟陵诸家，

湖心亭（老照片）

越放开越别扭，如仆人扮老爷，手脚不知如何安置。倒是张岱，便是赖皮，便是不讲道理，也是娘胎里带来的随便”。张岱身上任性洒脱的劲儿是与生俱来的，是伴随着他的血液相互生长的，是旁人学不到的。

那些誓与红尘同生共死的人，被世俗的烟火呛得泪眼迷蒙，被风刀霜剑伤得千疮百孔，也不禁要怨怪，人生多戏谑，世事太无常。他们感叹现实太残酷，所有的功利、情爱以及繁华，都只是镜花水月的幻觉。自诩经得起流光的抛掷，可以将这杯掺入了世味的浓茶一饮而尽，然而，一次离别，一点人情的凉薄，就弄得他们措手不及。仓皇之际，只有选择逃离，在某个莲花开合的角落，寻找慈悲。

而张岱不同，他始终风流倜傥、任性潇洒，终其一生爱其所爱，好其所好，不改初心，是真名士自风流。日月两盏灯，春秋一场梦。记忆中，总有一盏灯，在黑夜里，给我以光、以暖、以灵，为我照亮远行的路。在有些走过的路上，还是会迷失方向，而一些不曾走过的路，却会有似曾相识之感。一个人的心清澈明净，步履也会随之淡定从容。记忆无言，会保存曾经走过的路，而每一段旅程，都携带着过往的身影。其实并不孤独，每一程，都有山水为伴，清风相随。

张岱癖好无数，但他深爱是梨园，因为30岁的张岱在梨园中找到了家与国。人生如戏。说起唱戏，张岱可是一等一的高手。他自建戏班，自办自导自演，是戏曲的天才、全才，他还可以即兴发挥，而且表演得十分精彩。关于唱戏有这么一个流传至今的小故事，记载在《金山夜戏》一文中，篇幅短小，字字精彩。

那年刚过完中秋，本要北上的张岱泊船金山寺脚下。当时月光皎洁，河面如镜，金山寺忽隐忽现于山林中。深夜，四周一片漆黑寂静。这时，张岱感怀历史，“盛张灯火大殿中，唱韩蕲王金山及长江大战诸剧”。想起了名将韩世忠正是在金山寺，鏖战八日击退了金人。于是命人将灯笼、工具从船上拿来，就在金山寺大殿演起“韩世忠退金人”的戏，登时锣鼓喧嚣，彻底打破了金山寺的宁静。

全寺僧侣们被吵醒，打着哈欠，忍着睡意，出来大殿看完了这出戏。文章结尾写道：“徐定睛，视为何许人，以何事何时至，皆不敢问。剧完，将曙，解缆过江。山僧至山脚，目送久之，不知是人、是怪、是鬼。”直到演完，张岱悄然离开，没有一个人敢去问：“深夜三更的，为什么会有一个莫名其妙的人来寺里演一出莫名其妙的戏，是人还是鬼？”夜半入古寺，在佛门静地，任性唱念做打，这确实很张岱。

那夜，世人皆说张岱任性而为之，却不懂他对家国的一往情深。人们看懂了他的有趣，却看不懂他的含义。此前努尔哈赤已经公开反明，国号正是大金。眼见大明外忧内患，国将不国，张岱特别渴望如韩世忠的义士将后金击退。中年张岱对大明的深情，都在他金山一夜导演的戏里。他对梨园有多执着，就对这家国有多深情。也许我们都是梨园里的伶人，你装扮我，我装扮你，从开场到落幕，由前世到今生。如果我真是青衣，绝不让自己成为别人摆弄的棋。只期待找一座沧桑入骨的戏台，以花开的姿态，梦里的情怀，唱一出优雅老去的戏。

后来，张岱又唱自己的原创作品。当时的工部尚书刘荣嗣看了后觉得剧本挺好，美中不足的是少了两个情节。张岱听后连夜加班加点，在油灯下奋笔疾书，立马增戏七出，次天天一亮就带着家班子到刘荣嗣府上去唱戏了。刘荣嗣感其才华，与张岱结为至交。

除了梨园翘楚外，张岱还有一个身份，便是茶艺圈领袖。有一年中秋，嗜茶的张岱召集了700多人喝茶，山被占了一大半，一大拨人喝茶唱戏，诗文曲赋，折腾到大半夜，胜过当年王羲之的兰亭聚会，曲水流觞。古往今来，像张岱这样的文人是不多的，有趣的人才能做这么有趣的事，而这种场景今人也只能望尘莫及。

午后阳光下休憩，捧一杯春茶，静静地看茶叶于沸水中浮沉，转瞬寂然无声。室内茶烟氤氲，飘荡着草木的气息，雨日闲静，人亦清好无争。新枝斜过墙院，花影临风，吐着香气，却又这般不肯端正。

喝茶，自然会想起陆羽，他是茶艺之祖，被世人称为茶圣，著有《茶经》，其中涵盖了太多茶文化以及壶文化。千百年来，岁月的炉火一直燃烧着，青翠的茶叶在山泉里绽放着经年的故事。多少旧物新人更迭，品茶的心境却始终不曾更改。想起陆羽，亦会想起一位与他可堪伯仲的人，一位被称为诗僧、茶道的佛学高僧——皎然。他的名气显然不及陆羽，但他与陆羽是生死相依的至交，正是在他的提携与帮助下，陆羽才完成了茶学巨著《茶经》。这世间，有许多无名高人，他们愿意被岁月的青苔遮掩，静守着自己的一寸光阴。

《湖山胜概》中的紫云洞天

张岱大约17岁时，便极其爱茶，泡茶选用泉水很重要，他发明的兰雪茶就是“乱泡”出来的。机缘巧合下，张岱经过斑竹庵，取泉水喝了一下，顿感别致，玩心起的他遂取泉水回去闲置了三天，待泡时又突发奇想加入茉莉花，采用别样的泡法，先倒入一点沸水，等凉透后又加入沸水猛冲。意外地发现这种泡法更能带出茶香，在白素瓷杯中泡效果更显著，形状“如百茎素兰同雪涛并泻也”，也就是说茶叶和茶水就像是一枝枝水中兰花和着白雪一同倾泻而下。这种既有品相又有好味的茶，张岱命其名为“兰雪茶”。自此，它成为饮茶者的新宠，称霸一方市场，茶商们纷纷把自己的茶叶改名为“兰雪茶”。

饮酒是自醉、自欺，品茶则是自醒、自解。世间之人，多半恋酒，认为一切烦恼，可以一碗喝下，却不知醉后愁闷更甚。而饮茶则可清神，几盏淡茶，似玉液琼浆，品后烦恼自消。

张岱还喜欢斗鸡、蹴鞠、弹琴、收藏古董、品尝美食……这世间好玩的事，凡是想得到的他都要尝试。想要更多地了解张岱，可以看他的作品

苏堤

《陶庵梦忆》《西湖梦寻》《夜航船》《琅嬛文集》《石匮书》等。

年迈的张岱回忆这一生：住在破旧的茅草屋里，过着清贫的生活，但是他的内心是充实的，经历是丰富的。山中清寂得很，几卷旧书、一把旧琴，积灰的残剑……即便如此，人间谁不想活成张岱？因他始终在做自己，做自己喜欢的事情，经历过这世间的繁华荒芜，体会过这世间的美好沧桑。在他斑驳的皱纹上，应该烙刻着太多风霜的世事，而事实上他脸上的皱纹，恰似一幅简洁的画，明朗的线条屈指可数。一生也许真的不长，但是亦不必仓促地把生活的滋味尝遍，倒不如在缤纷的红尘里留一份从容，把颜色还给岁月，把纯粹交给自己。

张岱是一个不需要荣耀和光环的人，他很努力地将自己隐藏，甚至躲在潮湿的角落，埋在积岁的尘泥中，但是他的光芒，依然遮掩不住。西湖梦寻，一梦千寻，我们无须乘一匹时间的快马，飞奔赶往明末的西湖。因为我们找不到他的踪影，就算找到，也终究隔了云端。莫如做一只不怕秋寒的云雀，穿过烟水岚雾，去追云逐梦，窥探尘世间锦绣和尘外孤禅，或许尘内和尘外只是一梦之隔。

步山径，抚修竹，弄流泉，拾松枝，煮香茗。邂逅园翁溪叟，问桑麻，说菊稻，量晴校雨，探节数时。踏着烟霞，归去柴木竹窗下，山妻稚子，粗茶淡饭，温饱欣然。清风窗前，翻读古书，临帖摹画，月出林静，空山不语。

多少人，迷失在尘世瀚海里，云飞涛走，做一粒缥缈无定的尘埃。而张岱所愿，则是做一个从容自若的闲人，在悠长的时光里，寻梦西湖，修清凉禅。人世苍茫，变幻无端，再多的华丽深邃，亦填不满内心的欲求。静下心来，翻读几页张岱文采卓绝的文章，一切悲伤和伤痛，皆如昨日之风。他风流洒脱的语句，似流水行云，无来无往。仿佛在告诉我们，凡尘的一切纠缠，转瞬即是烟云，又何必那么在意、那么执着？

在西湖的岁月中，开一扇般若门，携一壶好茶，栖一片云，泼水墨，写一篇文章。就这样，凭我老去……

汪汝谦《西湖韵事》

新堤如带柳如烟，难系春光画阁前。
把酒暂相怜此日，看花谁不忆当年。
翻歌欲断黄鹂涩，觅句应教翠袖传。
莫讶残香零落尽，迎风荷叶又田田。

新堤如玉带一般狭长，柳枝飘摇如烟，难以系住画阁前的春光，把酒惜此日、忆当年。莫要沉迷于过往，一切都会烟消云散，迎风摇曳的荷叶带来新的活力。这首诗是西湖“随喜庵”建置之时，汪汝谦所作。明崇祯元年（1628），此时因“魏挡以老魅盗国，湖山净土几化为腥秽不韵之场，虽圣明扫荡余氛，而先辈凋零，名园芳墅垂剥，斜阳衰柳间不可复迹矣”，因此汪汝谦此时建置楼船“随喜庵”，即为竭力恢复西湖往日之盛景而做的努力。他向随喜庵之客传达了这样的信息：虽残香零落，但西湖之往日盛景、士人之往日风雅会像清风吹拂下的田田荷叶一样再展风姿。随喜庵建置后，董其昌与陈继儒率先前来游赏酬唱，此后朱治憪、朱之俊、张遂辰、吴孔嘉、崔世召、王道煜、邹之麟等名流雅士、韵客公卿均来此集会唱和。于是乎，汪汝谦建随喜庵、竭力恢复西湖盛景，遂成为一段佳话。

汪汝谦（1577—1655），字然明，歙县（今属安徽）人，晚年寄寓杭州。居杭时，常召集名流，为湖山诗酒之会。有《绮咏》《绮咏续集》传世。汪汝谦出身于徽商世家，贾而好儒，为当时著名的书画收藏家，且通曲艺、工诗文，交游遍及吴越，所交之人又多为当世名流，因而于时颇具影响。他早年优游吴越之地，也曾到过杭城，晚年更是慕西湖而来，并定居于此。

“山川名胜，妙本天然。何所庸其粉饰？乃或灵奇久秘，经洗辟而始彰。或结构虽工，藉登临以成趣。故莫为之后，美则弗传。”这是汪汝谦对自然景观与人文景观关系的深刻思考，可谓一语中的。以西湖景色而言，其自然之美已足以吸引人们的目光，但从另一个角度来说，西湖若没有经过历代人“洗辟”，不断增加人文景观而产生了人文美，即使自然美非常，或许亦会落得一个“弗传”的命运。换言之，西湖之名之所以能传于四方，固然离不开湖山胜景的妙然天成，但若无后人的人文雕琢，同样会传之未久。因此，汪汝谦等一众文人对西湖湖山的点缀之功，断不能忽略。

汪汝谦与西湖之关系，可以分为以下两个方面：一是妆点西湖之景，如重新修建了水仙王庙，对南屏之竹阁、雷峰之云岫、岣嵝之山庄、灵鹫之准提阁、西泠之未来室，也无不次第建置藻绘。二是在湖上举行诗酒之会，为西湖留下了不少文人佳话，这些事迹均记录在他所著的《西湖韵事》一书中。如《西湖韵事》收《重修水仙王庙记》及诗作五首，附刻中尚有《西湖纪游》一篇。

汪汝谦年少之时优游吴越，常常出入苏州、上海、扬州等地，与此间名流翰墨之士相唱咏，如在金陵秦淮等繁华夺目之地，举办诗酒之会，吟风谈月。相对于秦淮之地的浮华奢靡，杭州西湖有着“可于诗酒欢娱之暇，陶冶性灵之山水美景”的独特韵味，汪汝谦即在此度过了一生中绝大多数的时光。

他于垂髫之年来到杭州，为西湖山水之美而折服，他在晚年的回忆文章《西湖纪游》中，特别提到了一位整治西湖的功臣：“余垂髫来武林，见山水而仆居。时内监东瀛孙公总理织造，凡上方赐子，悉输为湖山之助，袁中郎称为护法伽蓝。”汪汝谦对于明代宦官孙隆的所作所为佩服异常，曾记载道：

湖亭雅集图卷

> 初筑新堤，遍栽垂柳，以名卉错杂其间，俗呼十锦塘者是也。孤山胜处，张望湖宪副之梅花屿在焉。公复起望湖亭于南台厂，临水旁植西府海棠数十株，拂霞笼烟，争妍朝夕。过苏堤循六桥十余里，桃花夹岸，香车宝马，络绎缤纷，游人藉草施步障，卧花茵，不啻武陵道上行矣。湖心向有亭，移置涌金门外，题曰“问水”，另成杰阁，崇轩飞甍，金碧辉映，中供梓潼君像焉。

除了“西湖功德主”孙隆，西湖边还有冯梦祯筑有居室“快雪堂”，延纳名流雅士，高僧羽客，还时时与好友徐桂等，携歌伎，焚香煮茗，徜徉于两湖之间，届时很多名姝女史如林天素、杨云友、薛素素等皆闻风来访，以诗画映带左右，而汪汝谦则“以黄衫人傲睨其间”。当时“女史”薛素素闻风从远处来访，冯梦祯以诗赠之，云：“赋成神女云同艳，唱出新词雪与工。”一时名姝如林天素、杨云友辈，字绘超群，辄同唱和。当聚会之时，还有很多“女乐”参加，均由松江朱云来、苏州徐清之两人所带，轻讴缓舞，绝代风流，共数晨夕。

黄汝亨校雠诗社，汪汝谦亦杖履相从。在这些名流前贤的影响下，汪汝谦亦“孜孜然点缀两山为务”。除了文章首段的画船“随喜庵”外，明

万历三十八年（1610），在黄汝亨的首倡之下，汪汝谦与其伯兄汪汝淳等人于南屏山净慈寺旁因岩创阁，并延请元净大师居住于此，黄汝亨题为“香岩社”，并有《香岩社记》。

此后，汪汝谦还陆续建置了雷峰塔旁黄汝亨之居室“云岫堂”、峋嵝山上之山庄“翠雨阁”，灵鹫山上之山庄“准提阁”以及西泠王修微之净室“未来室”。其间虽然因“魏挡以老魅盗国，湖山净土几化为腥秽不韵之场”，但汪汝谦仍极尽所能，为林天素、杨云友、王修微等诸多名媛才姝提供庇护。明天启三年（1623），在为王修微筑造“净居”以远离尘嚣之时，机缘巧合得以建成画舫“不系园”，开启了汪汝谦主盟西湖风雅的一段佳话。

年来寄迹在湖山，野衲名流日往还。
弦管有时频共载，春风何处不开颜。
情痴半向花前醉，懒癖应知悟后闲。
种种尘缘都谢却，老耽一舸水云间。

这首《作不系园》形象地表现了“不系园”上怡然自得的生活旨趣，“邀游若泛不系之舟”的初衷隐于其中。汪汝谦《不系园记》一文，详细描写了“不系园”之构造：

入门数武，堪贮百壶；次进方丈，足布两席；曲藏斗室，可供卧吟；侧掩壁厨，俾收醉墨。出转为廊，廊升为台，台上张幔，花晨月夕，如乘彩霞而登碧落。若遇惊飚蹴浪、欹树平桥，则卸栏卷幔，犹然一蜻蜓艇耳，中置家童二三，擅红牙者俾佐黄头，以司茶酒。客来斯舟可以御风，可以永夕。远追先辈之风流，近寓太平之清赏。陈眉公先生题曰“不系园”，佳名胜事，传异日西湖一段佳话，岂必垒石凿沼，围邱壑而私之，曰“我园我园”也哉!

可见，汪汝谦建置“不系园”，是为了“远追先辈之风流，近寓太平之清赏”。“不系园”建置后，黄汝亨、韩敬、张遂辰、陈继儒、吴孔嘉等数十位名流雅士纷纷前来游赏酬唱。诸如“不系园”“随喜庵”之类的画舫，为文人雅士之往来提供了一个诗情画意的场所。在汪汝谦的努力之下，西湖文人逐渐恢复了往日清朗之气。正如他所强调的文人之于西湖的重要性，只有具备文人点缀的西湖，频频出现于各类文学作品中的西湖，才能至今为人所传颂。

在诗酒欢娱、吟风弄月之外，汪汝谦还积极与名流公卿携手倡缘，大力修葺西湖遗迹“以存旧观”，先后与韩敬修葺了湖心亭、放鹤亭、水仙王庙，与王尹愚建置了白苏阁，使得孤山不孤，鹤梦长继。

其中的湖心亭至今为西湖冬日的著名景点。明代张岱有《湖心亭看雪》：“雾凇沆砀，天与云、与山、与水，上下一白。湖上影子，惟长堤一痕、湖心亭一点，与余舟一芥，舟中人两三粒而已。”这是张岱的逸趣，亦是湖心亭绝美之景的表达。

而放鹤亭则是为了纪念林和靖而建。张岱《林和靖墓柱铭》之“云出无心，谁放林间双鹤。月明有意，即思冢上孤梅”，倒也镌刻出了林

《文会图》

逋的风骨。放鹤亭一带是西湖孤山赏梅胜地，左右已广植腊梅，一直延伸到西泠桥堍。每到严冬早春，寒梅怒放，清香四溢，成为一片香雪海。这里曾被誉为“梅林归鹤”，系清代“西湖十八景”之一。

西湖水仙王庙原在宝石山，后徙苏堤压堤桥。以祷雨屡应，五代吴越国时称“龙王庙”，宋时为“三贤祠”，又取苏轼诗“不然配食水仙王，一盏寒泉荐秋菊”义，称“水仙王庙”。明嘉靖年间，已移建孤山路口，或称“嘉泽庙”。很多史料证据说明，汪氏所称重修之庙，当指在苏堤者。

汪汝谦的后半段人生可以说一直都在为塑造西湖美景而努力，正是汪汝谦与一众人为西湖所做出的努力，方使得西湖的美景留传至今。修葺建筑、举办诗会，深谙自然与人文景观结合之理的汪汝谦，可谓风雅无双。

然而，此时已是明崇祯八年（1635），西、北方烽烟四起，朱明王朝已是摇摇欲坠，西湖之盛景也渐渐难以为继，于是汪汝谦决定出游，以俟借山水美景、故朋旧识聊以慰藉。

战乱之下，西湖盛景的衰颓之势早已难以挽回。汪汝谦对西湖的回顾

斗鸟

可谓催人泪下："缅然四十年来，景物繁华，依依眉睫。乃沧桑忽改，十罕一存，无限风光湮没于荒烟蔓草。每念故交零落，辗转销魂。"可见西湖的无限风光，已经埋没于荒烟蔓草之中。感伤，在清初是一种普遍的情绪，家破人亡、今昔对比，通过西湖的风光变迁得以更为明显地体现出来。

清顺治十二年（1655）七月，汪汝谦溘然长逝，众人皆感叹"湖山至此无主人矣"。

高濂西湖幽赏录

霜落蒹葭水国寒，浪花云影上渔竿。

画成未拟将人去，茶熟香温且自看。

“利禄功名，与我何用？世事风云，与我何扰？”方一场雨过，微有几分凉丝丝的味儿，氤氲在空中的花香、草香和着尘泥中泛起的土香，在空气中缭绕、飘散。此刻虽是云归雾敛，却还残几分温湿。“杭州府是一如既往的好光景，只是多年未归了。”一池碧水之上，是一人一舟，人不握楫，只虚靠在船尾，任船头肆意打着转，就仿佛此行是漫无目的地游走。那人约不惑之年，鬓角已有几分白，身形高大，形容阔朗，双手并握附在身后，神态间颇多自得，身上是麻布织就的粗衣，腰间的锦带却尚未换下，未带背囊，只一粗瓷罐头装几滴浊酒，似在刻意回避什么而并不能完全回避。他脑中浮起的是过去30年间的风雨变幻，不由得长叹一声，故人故情已往，只余山水依旧。此高人，便是著名戏曲作家——高濂。

高濂，字深甫，号瑞南道人，钱塘（今浙江杭州）人，明代著名戏曲作家、养生学家、藏书家，以戏曲名于世。其所作传奇剧本有《玉簪记》《节孝记》，其中《玉簪记》被誉为“中国古典十大喜剧”之一。高濂约生于嘉靖初年，曾任鸿胪寺官，后隐居西湖。他能诗文，兼通医理，更擅养生。有诗文集《雅尚斋诗草二集》《芳芷栖词》，其养生著作《遵生八笺》是中国古代养生学的集大成之作，另有《牡丹花谱》《兰谱》传世。

高濂之性情最是疏阔不过，还未离开故土时，亦是鲜衣怒马俏儿郎，恣情恣意，承欢父母膝下。还仰赖良好的家境，接受了系统的教育，每日读儒经、学八股，中规中矩，未甚大得，而于杂闲之事却很在行，读书作画、养鱼插花、侍香度曲，真个是阔绰少爷的模样。年岁稍长些，便听从父命，所谓“士贵商轻”，也去京城考取功名，就此离家。终是在北京鸿

李唐《松湖钓隐图》

胪寺寻到个去处，然官途平淡无波，他对于日复一日机械而无趣的生活逐渐生厌，但毕竟闲散惯了，颇有几分“得过且过”的味道，也不急于改变。一直延宕到中年，脑中忽想，再考一次吧。再考一次？是青云直上还是继续萧索，也许是该有个决断了。于是他参与秋试，意料之中——不第。此时他方感到心灰意冷，但真正打击他的，是在这不久后妻子的辞世。“世事无常，一生无为而无趣，非我所想”，他渐而有了新的打算。

又是一载。这一年，北去的家信给他带去了又一位亲人离世的讯息，他怅然若失，就这样下定了决心。“那么走吧，趁光阴还有几年，西溪楼啖煨笋，登东城望桑麦，三塔基看春草，初阳台望冬树，这方是往来一遭该有的光景啊，不如归去！”于是他上奏辞官，告别同僚，乘舟南下，一气呵成……

记忆一顿，转回了眼前。思绪勾连间，那舟中小童摘了顶新鲜的莲蓬捧在岸头，高喊："先生，快些吧，快些！"而他依旧是不疾不徐，口中还念起诗来："莲蓬摘下留空柄，把向船前探水深。"船渐入岸，他意犹未尽，并不愿弃船上岸，一手拿起莲蓬，一手从怀中掏出一两碎银，掷向小童所在处，便又掉转船头："走喽——"

"丹枫菊黄"，这是记忆深处回荡起来逐渐浓重的一个词。他依稀记得，年纪尚小时，时常由母亲领着在西泠桥上漫行赏景，只见漫山一片红，最是入心，就难相忘。秋景本是萧索的，但这片红映在寒荷凋残与木落水寒中，无疑交互添上了一笔浓厚的诗情画意。"留得西泠干净土"，那自是一方好去处啊！他轻歌地方小调，再次启楫，摸索着去路。欣然而归时，粗布衣着了泥点，并些残叶挂在肩头，腰间的锦带已然被取下，随性地捆着一路上遣兴捡拾的枯树枝，头发早已散乱，汗珠也布上脖颈，已与农人无甚相异了——仿佛西泠桥畔几步，他已全乎回归故土了。

这种回归是自身至心的，连带着脑海深处事关家乡的残余记忆，也暗暗喷薄涌动了。他偶地又念起流水潺潺、山鸟嘤嘤的那处，勾勒着、回溯着烟雾升腾的诗意、古树参天的壮阔、叠嶂重峦与外界相隔而生的有如天然结界一般的遮蔽，所引得的清宁洗练。"重重叠叠山，曲曲环环路。丁丁东东泉，高高下下树。"无限神往，却感到深重的隔膜。纵是想象得再炽烈，这九溪十八涧的好处，若不亲历，也是如何都参不透的。但此刻天色却已有些阴阴的，时候已不早了。他蹙眉，略几分疑虑，踌躇了半晌又动身出发——"随意去吧，又无妻子摆好羹汤焦切相候，又无长辈静坐高堂留待侍奉，我本就是以天作被、以地为床的孤家寡人一个啊"，不免悲情又上心头。风又起了，回转盘旋，搅得他颇为伤情，不愿直面，便昏昏沉沉入了梦。

再清醒时，鼻翼是绵绵的桂香满盈，周遭亦无人。"是桂花源了？"

他迷蒙着坐起，顺着桂香最甚的地方寻去，竟不知何处下脚——沐桂披香，一处更似一处深啊！这时他才觉出自己的迟钝，此处便是满觉陇了啊！香满空山，落英如雨，密密匝匝若此，全天下何处再能寻得如此光景呢？但自己如何来到此地，却着实有几分玄妙，也许“遇仙”，也许“梦寻”，总之是一场美好的相遇。何不接续这段缘呢？满觉、满觉，要的便是个完满的觉悟，抛却挂碍，在此安家何如？自是个不错的归宿，如此他便许下了往后几十载的生命归处。

在西子湖畔安了家，终于不再是孤雁；有了栖所，就不再有独身一人的彷徨。那些离人与愁情，也渐次融在了西湖的水中，顺着波光，远了、散了。他的心境逐渐走入了平静安和，每日不是出游探幽，便是烹茶煮酒，一如“梅妻鹤子”的林逋，勉强也算得“湖妻桂子”了。他由衷热爱这片养育他、抚慰他的土地，不欲私藏，希望有更多人撞入其中、掇拾清欢，也为着某一日自己垂老之时存个念想，解解心上躁动，于是便着手编书，书名曰《四时幽赏录》。他携一支温软画意之笔，从生活趣闻到民俗民风，从秀山秀水到萧疏风雨，皆写于笔底，妙趣横生。在书的开头，他字字恳切写道：

> 即武林一隅，幽境幽趣，供人玩赏者，亦复何限？特好之者未必真，人自负幽赏，非真境负人也。若能高朗其怀，旷达其趣，超尘脱俗，别具天眼，揽景会心，便得真趣。

对于春，他这样描摹：春日里，妙龄少女喜争妍斗艳，自己对镜梳妆还不够，纷纷以千金市花，植于中庭，那花倒也如探春之燕，同人一道，迎候西子湖一展春日芳华；既有“如燕”者，自然也有春燕本身，“彩意

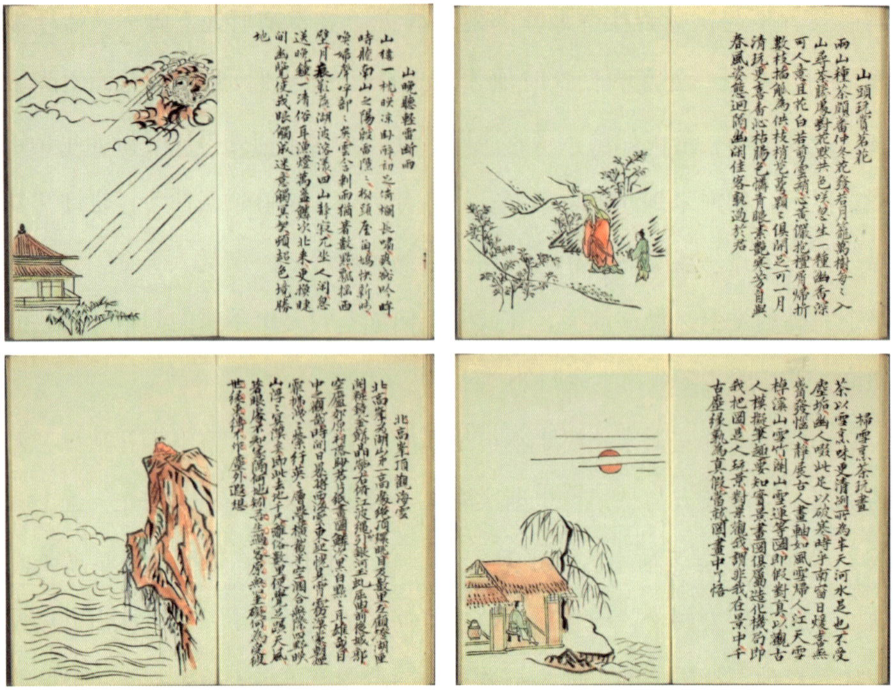

《四时幽赏录》书影

迎春入鬓飞，共喜钗头燕已来”。人们又往往在立春这日，剪彩为燕以戴之，在西子湖滨，奔走优游，既是个好彩头，也是片好光景。一个地方的风土人情往往是最真实的，这厢的人富于雅趣若此，西子湖的明丽温润就不消多提了罢！

既是“幽赏”，跟随大流毕竟不好，还是该有别样的视角、别样的情思。人皆知西湖有荷，而孤山探梅的雅事则罕有听闻，却也是一大憾事。“疏影横斜水清浅，暗香浮动月黄昏。”这诗回荡耳畔，听来觉得甚熟，他的主人林逋因此常常与梅勾连，现于人前。数百年前，林逋创设留存下这样一片佳景。高濂觉得甚好，便在《四时幽赏录》里写道：

孤山旧址，逋老种梅三百六十，已废；继种者，今又寥寥尽矣。孙中贵公补植原数，春初玉树参差，冰花错落，琼台倚望，恍坐玄圃罗浮。若非黄昏月下，携尊吟赏，则暗香浮动，疏影横斜之趣，何能真见实际！

笔墨虽不多，但也许有时最圆融入心的景，最是不能用过多的描写搅扰其清远吧。但这并不妨碍梅本身——原是乍暖还寒，冬意仍然冷俨俨，燕子还未衔春泥的时候。可是，孤山的梅开了。孤山的梅，带着别样的芬芳，在逼仄的早春慈悲而开。有点挣扎地，凌寒，独自。而此时的西泠桥下，是冻了一个冬天的残荷。寒塘中，还有那单脚独立的鹤。“孤山梅影照残荷”，正是成全了这样的诗意。

春日一过，夏日燥热，西湖对岸的空山亭便成了极好的去处，尤其傍晚时分，暑气西沉，坐月鸣琴，既有南熏习习生凉，对望一池涟漪，心中也自可隐约生出凉爽之感，再加琴音响遏流云，“高旷抚《秋鸿出塞》，清幽鼓《石上流泉》，《风雷引》可避炎蒸，《广寒游》偏宜清冷，乐矣山居之吟，悲哉楚些之曲，泠然指上《梅花》，寒彻人间烦愦矣”。凡是各种心绪都能在湖前找到寄托，有所宣泄。

夏日多变，时而也有轻雷断雨，倘在别处也许徒增烦扰，但在西子湖畔的山楼，则又是另一般光景。“山楼一枕晚凉，卧醉初足，倚栏长啸，爽豁吟眸。”雷欲来时，西子湖总给人先兆般的暗示，潜游湖底的鱼纵身上行了，翻飞在树头屋角的鸟忽而振翅了，其后，闷雷方出声，人却已经安然兀坐，再之后，是一阵骤雨，鳞次比来，仿佛冲洗着各处的污浊，更换睫间幽览，使人眼触成迷，意触冥契，顿超色境胜地。随着雨点渐小，心也彻底安定，云含剩雨，犹着数点飘摇，西壁月痕，影落湖波溶漾。

秋日自不必多提，风起鳜肥，菊花称寿，可宝石山下看塔灯，可保俶塔顶观海日，自是别有洞天；冬日西子湖虽冷，却不比别处刺骨寒凉，只可说冷中有暖、冷中有景。扫雪烹茶玩画，山窗听雨敲竹，只要你想，便自可恣意缱绻。

所谓“幽”，幽景之外，还有幽情，如高濂一般，遁隐归去，消弭执念，才能有这一番幽情。显可见到，他观四季的眼光高出常人甚多。而西子湖岁岁常在、日日常新，“弄玉浮云含晓露，吹笙月底轻云度”。于世浮沉，静候来人。

袁宏道《西湖纪述》

葛巾不束毛，纱袷常见肘。无日不酲花，有时坐枯柳。
天地一排场，谁分旦与丑。神仙既荒唐，富贵复难偶。
杭人有谚言，言卑趣则有。雷峰变作糟，西湖化为酒。
藕花作美人，一歌了一口。三万六千回，一回三百斗。

古往今来赞颂西湖之美的诗词歌赋如繁星般璀璨，中国文学史上不乏尽态极妍的西湖，也不乏清新脱俗的西湖，更不乏如诗如画的西湖，可如此俏皮可人又“接地气”的西湖诗着实让人眼前一亮，不禁莞尔。诗中勾勒了一个无忧无虑的“穷光蛋”形象，衣衫褴褛，日日大醉于花丛柳下，常常分不清白昼与黑夜，还异想天开要将雷峰塔做酒糟，将西湖水酿成美酒，坐拥着一大片荷花“佳偶”，一首歌一口酒，喝上他个百斗千回，既如此逍遥赛神仙，要那滔天富贵有何用？这首诗虽看似言不尽意，却意在言外，诗人安贫乐道、豁达乐观的心境跃然纸上。这位想法“荒唐”的诗人便是——袁宏道。

袁宏道（1568—1610），字中郎、一字无学，号石公、又号六休，公安（今属湖北）人，明万历二十年（1592）进士，官至吏部郎中，与其兄袁宗道、弟袁中道并有才名，史称“公安三袁”，其中属袁宏道的文学成就最高，为“公安派”领袖。袁宏道是反对文学复古的主将，他认为写文章不应该盲目拟古，而是要做到文随时变——“世道既变，文亦因之。今之不必摹古者也，亦势也”。一方面，他对于“文必秦汉，诗必盛唐”的文风进行了有力的批驳，提出了“独抒性灵，不拘格套，非从自己胸臆流出，不肯下笔”的性灵说；另一方面，他强调去伪存真，推崇民间通俗文学，“要以情真而语直，故劳人思妇有时愈于学士大夫，而呻吟之所得，往往快于平时”。袁宏道的小品文虽然篇幅较短，但笔触轻灵流畅，文辞清新俊逸，结构灵活不拘，打破了传统古文的束缚，创立了自己独特的写作风格和完整的文艺理论体系，使得脱离实际、空洞无物的晚明文学重新焕发出活力，极大地推动了中国古代文学的发展，钱谦益赞“其功伟矣”。

夏圭《西湖柳艇图》

袁宏道无疑是一个贤能之人，但很遗憾他没能遇上一个贤明的君主。明朝中后期，帝王昏庸无能，宦官只手遮天，朝野上下乌烟瘴气，袁宏道自是不愿与奸宦同流合污的，于是便选择了辞官归隐，从此徜徉园林、寄情山水，创作了不少所谓“独抒灵性”的美文游记，他与西湖也因此结缘。

每闻西湖之胜，欲于灯节前后，杖藜一来。湖水可以当药，青山可以健脾。逍遥林莽，欹枕岩壑，便不知省却多少参苓丸子矣。

这是袁宏道任吴县知县时在给时任钱塘知县的好友汤陨陆信中所说

的，可见他对西湖美景向往已久，对他来说，西湖的山水是一剂良药，可以治疗身上的病痛和心灵的抑郁。“欲寻闲淡之方丈，远闺阁之佳人，写山水之奇胜，充贫官之囊橐。”他渴望摆脱尘世的束缚，全身心地融入西湖的绿水青山、长桥堤岸、亭台水榭之中。

明万历二十五年（1597）春，袁宏道终于如愿，得以在杭州小住数月，恰逢苏杭织造太监孙隆大肆修葺西湖各景点，各处胜景焕然一新，于是乎袁宏道畅游西湖，赏其天堂美景，观其风土人情，写下了近百篇诗文，汇成了一本《西湖纪述》。

> 从武林门而西，望保叔塔突兀层崖中，则已心飞湖上也。午刻入昭庆，茶毕，即棹小舟入湖。山色如娥，花光如颊，温风如酒，波纹如绫；才一举头，已不觉目酣神醉，此时欲下一语描写不得，大约如东阿王梦中初遇洛神时也。

初至西湖，仅远远看见保俶塔高高耸立在层峦山崖上，袁宏道心绪便已飞至西湖之上。摇一小舟荡于西湖，徜徉在湖光山色之间，仿若曹子建初见洛神之美，如痴如醉。

袁宏道对西湖美景的叙述秉承袁氏小品文的特色，简约而生动，大有“犹抱琵琶半遮面”之感，让人浮想联翩、心向往之。

> 西湖最盛，为春为月。一日之盛，为朝烟，为夕岚。今岁春雪甚盛，梅花为寒所勒，与杏桃相次开发，尤为奇观。
>
> 石篑数为余言：“傅金吾园中梅，张功甫家故物也，急往观之。”余时为桃花所恋，竟不忍去湖上。由断桥至苏堤一带，绿

烟红雾，弥漫二十余里。歌吹为风，粉汗为雨，罗纨之盛，多于堤畔之草，艳冶极矣。

然杭人游湖，止午、未、申三时。其实湖光染翠之工，山岚设色之妙，皆在朝日始出，夕舂未下，始极其浓媚。月景尤不可言，花态柳情，山容水意，别是一种趣味。此乐留与山僧、游客受用，安可为俗士道哉！

傲雪的梅和迎春杏桃竞相开放，绿烟红雾之中游人络绎，自然的美景与世俗的繁华相互映衬，美不胜收，已让袁宏道目不暇接，那明媚的春日，那缥缈的朝烟，那绚烂的夕岚更让他陶醉其中无法自拔。他还惊喜地发现，在游人陆续散去的西湖之夜，月光下的花态柳情、山容水意，更别有一番风味，于是他思忖着将这个偶然的小发现藏好，莫让俗人坏了这份雅致，这是多么细腻而又富有情趣的生活啊！

佚名《同年饮宴图》

在杭四个月，袁宏道游遍西湖，龙井、飞来峰、上天竺、虎跑泉、灵峰、法相寺、孤山、烟霞石屋、南屏山、莲花洞……每到一处，他都会留下诗文——

南屏晚钟

《过龙井》《戏题飞来峰》《西泠桥》《游虎跑泉》《过灵峰》《憩法相》《孤山》……袁宏道以独特的审美眼光欣赏西湖之美，将艺术创作与锦绣西湖合而为一，所触之景，所感之情，随性而发，抒写独到，文辞清新、行文自由，饱含艺术旨趣和文学意味，“把江南城市杭州的文化特征和西湖山水文化特点展现得淋漓尽致，闪现着江南诗性文化的光芒”（引自卢川《杭州西湖与袁宏道诗文创作》）。

孤山林和靖，以梅为妻，以鹤为子，为天下文人雅士所羡，袁宏道自然也不例外。

> 孤山处士，妻梅子鹤，是世间第一种便宜人。我辈只为有了妻子，便惹许多闲事，撇之不得，傍之可厌，如衣败絮行荆棘中，步步牵挂。

在袁宏道的心中，若是能过上梅妻鹤子的隐逸生活，此生便足矣。但家庭注定是他人生中最放不下的牵挂，最舍不得的负累。妻子儿女是他一生所爱，隐居山林是他一生所向，两相矛盾，万般无奈。于是孤山和林逋成了袁宏道精神的寄托、情感的慰藉，让他短暂忘却了现实生活的困顿，回归到心中的净土。

除了孤山，西湖的禅文化也让袁宏道在纷纷扰扰的尘世中寻到了一份难得的宁静。

> 近日，雷峰下有虞僧儒，亦无妻室，殆是孤山后身。所著《溪上落花诗》，虽不知于和靖如何，然一夜得百五十首，可谓迅捷之极。至于食淡参禅，则又加孤山一等矣，何代无奇人哉！

> 净慈僧房，唯莲公房最幽僻。路迂而奥，由寺门至房中，可里许。夹路多古木杂卉，正面与藕花庄相直，背法华台。……

袁宏道带着一颗禅心，看西湖山水，自然处处都是禅机。与他描写充满世俗和艳丽的城市生活的诗文相比，他为西湖所作诗文大多空灵幽静，将诗意与禅意完美结合，甚至达到了物我合一的境界，呈现出“独抒性灵”和追求“真”“趣”的艺术特质。

西湖的景观本就有着深厚的沉淀，而袁宏道无疑给西湖诗文的艺术殿堂里又添上了浓墨重彩的一笔。他别具一格的创作，是对西湖山水文化所体现的多层内涵的一种探索和尝试，成功地为西湖增添了新的文化价值。明末张岱在其回忆杭州生活的《西湖梦寻》一书中，引用袁宏道的西湖诗歌和游记达16篇之多，可见袁宏道的西湖诗文已成为西湖文化中极具价值的一部分。

天下没有不散的宴席，明万历二十六年（1598），袁宏道收到在京城任职的哥哥袁宗道的信，他只好收敛起游山玩水的兴致，来到京城，继续沉浮于宦海之中。对于西湖，他纵有万般不舍，也无可奈何，只能在文字里聊表惜别之情，他于《湖上杂叙》中写道：

> ……每将暮，则出藕花居，棹小舟看山间夕岚，月夜则登湖心亭，过第四桥水仙庙，从堤上步而归。或过昭庆访汪仲嘉、戒山诸友工课率以为常。湖上之寺如玛瑙、大佛头，山中如玉泉、灵峰、高丽、虎跑、真珠、胜果之属，皆常所出没之处，其他不知名并失记者尚多。种种皆佳，难以细述。聊识一二，以俟再游。

短短几月，说道西湖之景、西湖之物，袁宏道已是如数家珍，浓浓的喜爱之情溢于字里行间。他坚信有一天，他能再次踏上西湖之旅，倾尽自己的才华，为这片人间天堂、心灵净土写下更多的旷世之作，万古流芳。

明万历三十八年（1610）九月六日，袁宏道沉疴渐深，最终在穷困潦倒中结束了不凡的一生，享年四十有三。他终究没有再回到西湖——这个曾让他魂牵梦萦、依依不舍的地方，这是袁宏道的遗憾，或许亦是西湖的缺憾吧。

李流芳卧游西湖

白公堤畔烟湖空，四月未尽荷花红。
两湖荡桨无一朵，小筑已见千花丛。
昨日梅雨天多风，风翻雨打花龙钟。
今朝日出方照耀，半晴半阴态逾工。
君不见雷峰倚天似醉翁，雾树欲睡纷朦胧。
此花嫣然向我笑，层层新妆出镜中。
新妆美人正可喜，笑而不来情何已。
且拼一斗酬醉翁，此翁情澹如烟水。

你可以想象这样一种生活吗？暮春的早晨，你踏着朝晖出门，一池才露尖尖角的小荷映入眼帘，粉嫩可爱。不远处，晨雾缭绕之中，一条长堤横亘在广阔的湖面上，如梦似幻。回想昨日，纷纷黄梅时节雨，同初夏略微有些脾气的风一起，拂乱了一池荷花，你正觉着可惜。谁曾想，今朝，阳光便穿过了层层云雾，将缕缕金辉洒于依然睡意惺忪的万物之间，一花一木、一塔一湖，温暖而暧昧。看着那芙蕖微微舒展娇美的身段，如新妆美人，巧笑嫣然，你藏不住满心的欢喜，便邀了那座看似醉意朦胧的塔，隔湖对酌一斗清酒……此等人生极乐，想必是世间少有之幸事，而300多年前，本诗的作者李流芳便与西湖有着这样一段静美如画的尘缘。

李流芳（1575—1629），字长蘅，一字茂宰，号檀园、香海、古怀堂、沧庵，晚号慎娱居士、六浮道人，徽州歙县人，侨居嘉定。出身于书香门第的李流芳可谓是一代才子，论诗文，他与唐时升、娄坚、程嘉燧齐名，合称“嘉定四先生”，其文质朴清新，自然平淡而又至情至性。论书法，他“能得苏字精髓，又具自家面目”，其字如行云流水，筋骨隽峭。论绘画，他又跻身于“画中九友”，其画“萃造化、古人、诗境于一局，以不似求真似”，时而清俊秀逸，时而泼墨淋漓，达到了诗中有画、画中有诗的境界。论篆刻，他乃“三桥（即文彭）派”中的骨干，与皖派篆刻大家何震齐名，其印古拙朴茂，放荡不羁，颇具秦汉风范。

然而，才子总是怀才不遇，李流芳也未能幸免。有一种通俗的说法：“明亡于天启，实亡于万历，始亡于嘉靖。”出生于万历三年（1575）的李流芳注定生不逢时。天启年间，奸宦魏忠贤把持朝政，明朝政治的黑暗达到了顶峰，李流芳为人耿直，自是不能与此等奸佞小人同流合污的，魏忠贤建生祠不往拜，与人云：“拜，一时事；不拜，千古事。”足见其高风亮节。和晚明许多文人一样，他最终绝意仕途，归隐田园。建“檀园”，览西湖，李流芳的后半生寄情山水，醉心诗画，恬淡雅致。

李流芳对西湖的爱恋非常人所能及。据他的好友钱谦益所说，李流芳“性好佳山水，中岁于西湖尤数”。

> 钱塘襟江带湖，山水映发，昏旦百变，出郭数武，耳目豁然，扁舟草履，随地得胜，天下佳山水，可居可游，可以饮食寝兴其中而朝夕不厌者，无过西湖矣。余二十年来，无岁不至湖上，或一岁再至，朝花夕月，烟林雨嶂，徘徊吟赏，餍足而后归。

对于李流芳来说，西湖是其一生挚爱，爱她的每一个早晨、每一个傍晚，爱她的每一丛花木、每一弯明月，爱她的每一场烟雨、每一缕薄雾，春去秋来，年年岁岁，绘其神采，吟其风韵，从未厌倦。爱到极处，他便在西湖畔的南屏山中修了一座别业——南山小筑，以安放他对西湖的无限眷恋，他对此有诗云：

林岫生烟水起风，湖山一抹隐雷峰。

吴歌四面渔灯乱，坐到南屏罢晚钟。

坐拥西湖十景中的“雷峰夕照”和“南屏晚钟”，听吴歌悠扬，看渔灯闪烁，李流芳面对西子湖怎能不沉沦?

游览西湖一事，看似简单，其实也大有学问，晚明杭州文人闻启祥曾有言：

欲领西湖之胜，无过山居，而子犹不能忘情于舟。山居饮食寝处常住不移，而舟则活；山居看山背面横斜一定不易，而舟则幻；山居剥啄应对，犹苦未完，而舟则意东而东，意西而西，物色终有所未便，又甚寂而安。

李流芳自然不会少了这样一艘“摇碧之斋、不系之园”，他为自己的游船起名为“恰受航”。如此一来，山居小舟，一静一动，相得益彰，李流芳对西湖之美的领略和感悟自然非比寻常。

山水绝胜处，每恍惚不自持，强欲捉之，纵之旋去，此味不可与不知痛痒者道也……后三年，在小筑灯下，酒酣弄笔，作水墨山水，觉旧游历历都在目前……

著名的“卧游”概念便是从中油然而生的。所谓“卧游”，是在画家亲身游览美景之后，依照最深刻的记忆，融入自己的体悟，再将游览之景绘于图中，正所谓“存其恍惚者而已”。因此，李流芳所绘的西湖图景具有较强的写意性，并不拘泥于真实所见，他曾说过：

然余画无本，大都得西湖山水为多，笔墨气韵间或肖之，但不能名之为某山、某寺、某溪、某洞……亦取其意可耳，似与不似当置之勿论也。

于李流芳而言，表面上的形似远远没有笔墨之间所能展现的湖光山色的神似来得重要。就这样，李流芳的神笔绘下了诸多千姿百态的西湖美景——《紫阳洞》《云居寺》《西泠桥》《西峰罢雾图》《法相寺山亭图》《胜果寺月岩图》《六和晓骑图》《永兴兰若》《冷泉红树图》《断桥春望图》《南屏山寺》《雷峰暝色图》《紫云洞》《涧中第一桥》《云栖晓雾图》《烟霞春洞》《江干积雪图》《岣嵝云涧》《孤山夜月图》《三潭采莼图》……最负盛名者，“凡三十余帧”收录于《西湖卧游册》，只可惜这些绝世佳作大多已遗失在了百年的时光里，只留下20余篇文辞散淡清雅，写景之处颇具神韵的《西湖卧游册·题跋》，让300多年后的我们稍稍得以窥见又无限遐想着李流芳与西湖之间的脉脉深情——

“夜半溪阁响，不知风雨歇。起视杳霭间，悠然见微月。”这是暴风雨后的夏夜。

“当我欲别时，千山秋已老。更得少日留，霜酣变林杪。子尝为我言，灵隐枫叶好。千红与万紫，乱插向晴

郭熙《早春图》

昊。烂然列锦绣，森然建旂旐。”这是层林尽染的秋日。

“十里西湖意，都来在断桥。寒生梅萼小，春入柳丝娇。”这是断桥料峭的春寒。

“晨起，潜呼一小舠而遁。雪已霁，白云出山，与雪一色，上下光耀，应接不暇。”这是西湖恬美的冬雪。

……

若细说李流芳为西湖所作，除了《西湖卧游册》，还少不了那首《莼羹歌》：

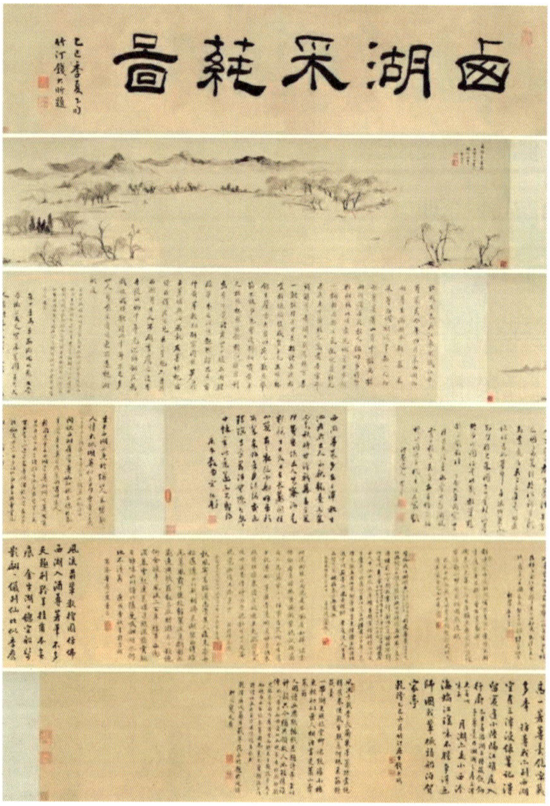

李流芳《西湖采莼图》

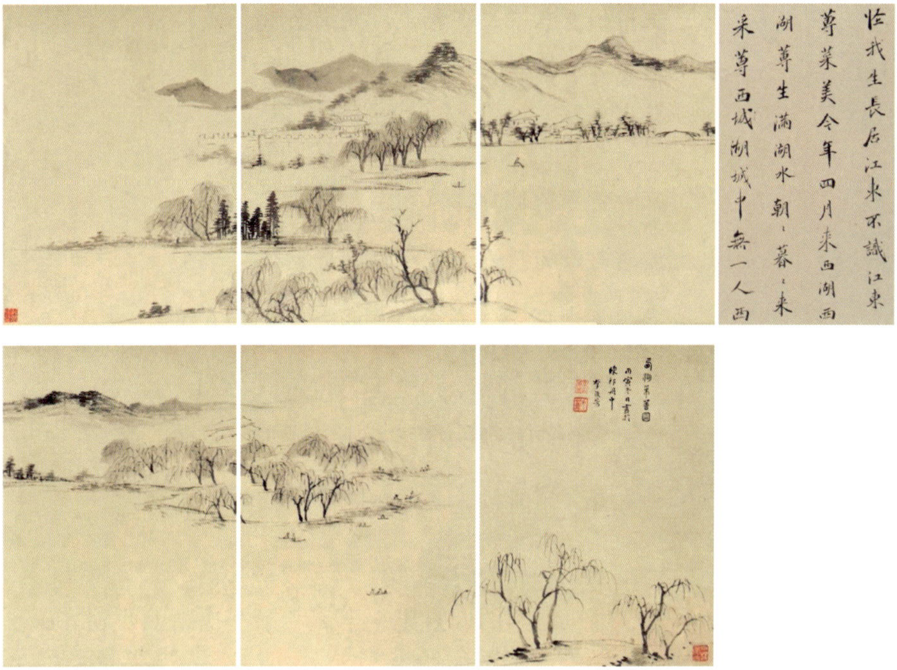

李流芳《西湖采莼图》局部

怪我生长居江东，不识江东莼菜美。

今年四月来西湖，西湖莼生满湖水。

朝朝暮暮来采莼，西湖城中无一人。

西湖莼菜萧山卖，千担万担湘湖滨。

吾友数人偏好事，时呼轻舠致此味。

柔花嫩叶出水新，小摘轻腌杂生气。

微施姜桂犹清真，未下盐豉已高贵。

吾家平头解烹煮，间出新意殊可喜。

一朝能作千里羹，顿使吾徒摇食指。

琉璃碗盛碧玉光，五味纷错生馨香。

出盘四座已叹息，举箸不敢争先尝。

浅斟细嚼意未足，指点杯盘恋余馥。
但知脆滑利齿牙，不觉清虚累口腹。
血肉腥臊草木苦，此味超然离品目。
京师黄芽软似酥，家园燕笋白于玉。
差堪与汝为执友，菁根杞苗皆臣仆。
君不见区区芋魁亦遭遇，西湖莼生人不顾。
季鹰之后有吾徒，此物千年免沉锢。
君为我饮我作歌，得此十斗不足多。
世人耳食不贵近，更须远挹湘湖波。

在一个花红柳绿、生机盎然的四月里，李流芳第一次踏上西湖之旅，只见杭城百姓倾城而出来到西湖，采那满湖翠嫩的莼菜，然后千担万担挑去萧山，借湘湖之水清洗浸泡，以提出西湖莼菜的美味。李流芳和他的朋友们从未见过莼菜，更未见过如此热闹盛大的采菜场景，自然是好奇不已，便买下了些许莼菜，将其烹饪。当期待已久的莼菜羹被端上桌时，只见一片油亮翠绿，再配上晶莹剔透的琉璃碗，其色泽着实让人赞叹，以至于大家都不忍下箸扰乱其形色，但终归是挡不住那扑面而来的馨香的诱惑。浅尝佳肴，只觉脆滑利齿，入口即化，唇齿留香，意犹未尽，可媲美那京城的黄芽菜、家园的燕笋。这首《莼羹歌》生动形象地描述了江浙人采食西湖莼菜的场面和习俗，淋漓尽致地体现了西湖莼菜羹的色香味形，让人心生向往，成了西湖美食文化的重要组成部分，让今天的我们得以了解百年前的人们如何制作这一道人间至味。

明崇祯二年（1629），在大明王朝的末日余晖之中，李流芳才华横溢的一生也走向了尽头，于闰四月三日终卒于嘉定檀园，享年55岁。其友钱谦益作

《李长蘅墓志铭》，程嘉燧书丹，宋珏篆盖。多年之后，清嘉定诗人林大中有诗夸其“忆当晚明时，官途亦多术。高士多鄙之，坚卧独不出。诗笔能清真，画品亦超轶。不拜千古事，名言殊简质。孝廉忧国家，呕血遂以卒”。

或许后人不知道李流芳在他生命中的最后一个春天里，是否同他心爱的西湖道过别，最后一次在南山小筑休憩，最后一次摇着“恰受航”“卧游”于湖上，最后一次为西湖绘一幅画、题一首诗，最后的最后再尝一碗香醇的西湖莼菜羹。我们只知道，来年春天，西湖再也等不到那个为她痴、为她醉、为她半生流连的书生了……

“茶熟香微冷竹炉，芙蓉的的向人孤。谁能蘸笔西湖里，貌出孤山宝石图？”也许，李流芳之后再无他人了吧。

田汝成西湖名著

苏堤如带束湖心，罗绮新妆照碧浔。
翠幕浅搴怜草色，华筵小簇占花阴。
凌波人渡纤纤玉，促柱筝翻叠叠金。
月出笙歌敛城市，珠楼缥缈彩云深。

仲春的西湖是花季的少女，美人新妆，明艳温婉，盛开的春花和葱郁的草色缀成了一身清丽的罗绮。绿意盎然的苏堤，如一条翠色的衣带轻轻系住美人婀娜的腰肢，和煦的阳光洒在微漾的湖面之上，金波粼粼。这时候，棹一叶小舟，泛游西湖，好似凌波于一块纤纤翠玉之上。夜幕降临，月上柳梢，西子湖畔，灯火万家，悠扬的笙歌缭绕杭城，华丽的珠楼缥缈在彩云深处……世人都说西湖如西子，美人如玉，举世无双，但真正能将西湖之美诉诸文章、传于后世者又有几人？若论西湖名士，更是寥寥可

杭州西湖全图

数，而这首诗的作者田汝成当之无愧。

田汝成（1503—1557），字叔禾，号豫阳。他于明弘治末年，出生于钱塘（今浙江杭州）一个书香门第，自幼继承家学，聪慧敏达，好学不辍。青年时期的田汝成不仅文章过人，而且诗词出众，许多作品被收录进《皇明词林》《历朝诗集》《明诗综》。更为难得的是，即使在死板教条的科举考试中，他亦能够脱颖而出。嘉靖五年（1526），年仅24岁的田汝成又荣登进士榜，授南京刑部主事。初入官场的田汝成少年得志、意气风发、贤能过人，怀揣着一颗为国尽忠职守、为民鞠躬尽瘁的赤诚之心，不久便受到了百姓的拥戴和朝野上下的一致称赞："汝成以廉能闻，夺魏国草场之利而还之民，却嫠妇违制之金而没之公帑。凡百疑狱迎刃而解，灾异求直言。""扈从南郊籍田亲蚕、西苑省耕课桑诸大礼，各有颂述。"

可当时的君主嘉靖帝并非明主，田汝成一封请求宽宥囚犯的奏疏便惹得龙颜大怒。自此，田汝成的仕宦生涯便再无坦途，从贬至广东、安徽，再到贵州、广西，他一直在京师之外兜兜转转任一些芝麻小官，他曾自云："窃禄一纪，沿牒九迁，内陟两京，外历三省，匍匐州郡之末，跋涉领海之交，总凡往返于京师者一十有二，留都者四，南海、夜郎者各二矣。虽足迹未遍于埏垓，而耳目已超于圭筚，况乎瑰山怪水，艰苦备尝，露宿风餐，形容枯槁。"寥寥数语道尽了仕途的辛酸与不易。然而，雪上加霜的是，他的一生挚爱的妻子徐楚云在嘉靖十四年（1535）在跟随他为官地方之时染病客死滁州，田汝成痛心不已，将拳拳深情、无尽哀思寄托在了诗文之中，凄婉动人至极，使读者不禁潸然泪下：

子昔别我，握手云约：我虽万里，魂必我托。我聆尔言，升号以索。……尔魂如在，永托我身。无东无西，而我附因。蛮陬绝裔，箐崿嶙峋。百怪出没，以怵尔神。惟吾与尔，异体而亲。

往昔嗟于役，寻常定尔思。绸缪天与合，窈窕意无私。玉案空留箧，香缨犹在笥。未违同穴愿，已负百年期。无复人间别，只增地下悲。天涯一掬泪，无路洒松枝。

即使在重重打击之下，田汝成也未曾一刻忘却过自己为官的初心，他廉洁自律，不谋私利，果敢公正。在贵州、广西为官期间，田汝成坚持细察民情，留意吏事，悉心研究治理方略，每到一处都以访古抚今，找寻山川之源，探访形胜之周防等，用实地考察的方法分析边关情势的真伪，判断军务的轻重缓急，因此成功地平定了“龙瓶之乱”“瑶民起义”。此外，他还将自己在广西、贵州的所见所闻“载笔途次，条剌日程”，并且写下评论，于嘉靖三十七年（1558）整理成《炎徼纪闻》，以便有关官员鉴夕慎今，也为后世留下了珍贵的研究边疆文化及边疆治理工作的第一手文献资料。田汝成的政治才干和军事谋略使人折服，毛伯温赞其“知谋善虑，宣博有本”，实乃“文而知权者也”。

嘉靖二十年（1541），也许是厌倦了十多年的宦海沉浮，也许是对亡妻的思念日益深重，也许是对家乡的风土人情愈发怀恋，田汝成终于意绝仕途，称病还乡，归隐田园，盘亘山湖。

海上之士，往往谈蓬莱三岛之胜，恍惚渺茫，莫可踪迹。岂若西湖重青浅碧，抱丽城闉，陆走水浮，咸可涉览？况帝都之余，藻饰华富，即海上之士所称珠宫贝阙，琪树琼花，当不过此！宜乎胜甲寰中，声闻遐服也。然海内名山，率皆有志，而西湖独无，讵非阙典？曩岁五岳山人黄勉之尝谓余曰："西湖无志，犹西子不写照，霓裳不按谱也，子盍图之。时予敬诺，而五六年前，宦游无暇。迨乎宅忧除服，聊寓目焉，风景不殊，良朋就世，言犹在耳，负约已长。因念古人逾祥授琴，将以舒其菀结，闻笛作赋，用以感于幽冥，予不敏，窃比山水于笙歌，拟占毕以酬诺，一物二义，爰契我心。于是䌷集见闻，再证履讨，辑撰此书。叙列山川，附以胜迹，揭纲统目，为卷者二十有四，题曰《西湖游览志》。裁剪之遗，兼收并蓄，分门汇种，为卷者二十有六，题曰《西湖游览志余》。

少小离家老大回，看着眼前这清丽如蓬莱、繁华胜帝都的家乡，田汝成决定用自己难得闲暇的后半生为西湖作志，将西湖之美景、西湖之风俗化为文字告知后人，将古今西湖之奇人异事、西湖之诗词文章汇于一处流传千古，于是乎，两部旷世著作——《西湖游览志》及《西湖游览志余》便诞生了。

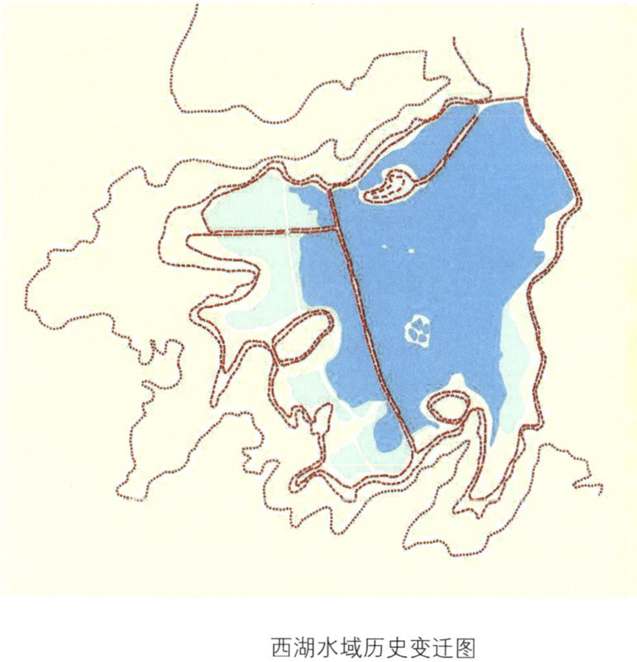

西湖水域历史变迁图

《西湖游览志》一书以西湖的山水名胜为纲，《西湖游览志余》一书则以轶事掌故为中心，虽均冠以游览之名，但是田汝成作书时始终秉持着"为志者，史家之一体也，史不实录则观者何稽焉”的实录精神，而不是随意夸张、想象和臆断。他对西湖的每一处名胜古迹的兴废沿革都加以详细考察，广泛地搜集历代文人墨客所作的诗词歌赋及历史掌故，还记下了许多不为正史所载的社会现象和风俗习惯，让西湖的自然景色与杭城的人文景观交相辉映，扩大了西湖的游览区域，为后人研究西湖的历史文化、灿烂的宋明文学提供了珍贵翔实的史料。因此，《四库全书总目提要》赞其：“此书因名胜而附以事迹，鸿纤巨细，一一兼该，非惟可广见闻并可以考文献。”

值得肯定的是，这两部书是田汝成以生动文学的笔调写成的，文笔达练，文采斐然，与简洁明了却枯燥乏味的大多数地方志有很大的不同，可读性极强，不愧为西湖和杭城的“百科全书”。它们对中国文学史上极为有名的“西湖小说”的影响也不容小觑，诸多才子佳人或荡气回肠、或纯美动人的爱情故事，均取材于这两本著作。

更为可贵的是，虽然身处男尊女卑的封建时代，但田汝成却对女性有着难得的尊重，在他的作品中特别关注了西湖的女性。他以独特的视角写下了她们的故事，包括孝女、烈女、侠女乃至才华横溢却身不由己的妓女……鲜活生动，感人肺腑，发人深省，甚至将她们中的一部分与岳飞、于谦等民族英雄并列于“贤达高风”之中。从中我们可以看到民主思想的萌芽，着实难能可贵。

田汝成对西湖名胜、西湖文化的传播功不可没。嘉靖十七年（1538），田汝成参加会试时，路经苏州，与名士“五岳山人”黄省说起了西湖之胜，黄省本就对山川美景毫无抵抗力，听了田汝成绘声绘色的介绍之后，更无法按捺住对西湖之美的歆羡，以至于放弃了会试，迫不及待地转而游览西湖，在西湖盘桓数月，沉醉其中，流连忘返。田汝成的西湖名著不仅见称于时，还由佛教僧侣带回日本，西湖的诗情画意深深触动了日本文人的心弦，使他们无比向往，从此《西湖游览志》在日本成了学习西湖文化的教科书，田汝成自然也就成了日本人了解西湖文化的启蒙老师。

自古以来，士大夫为了保持自己的清高，往往对大众的游览生活持一种蔑视的态度，但明代文人对群众的游湖活动则十分欣赏，田汝成即有文云：

> 近来官司，每值歉岁，则禁人游湖，以为撙节民财，此非通达治体之策也。盖游湖必殷阜之家，衣食饶裕者，未闻有揭债典衣而往者也。游湖者多，则经纪小家，得以买卖趁逐，博易糊口，亦损有余补不足之意耳。假令游湖之禁行矣，豪冶之子，就其室而酣沉达旦，所费宁减于西湖哉？

在人们的传统观念中，“游”本不是什么好词语，而西湖盛大的游览场景更无疑是一种奢靡浪费，但田汝成却从客观事实出发，叙述了游湖之好处，一来体现了物阜民丰，二来一定程度上推动了商业的发展，此番见地不可谓不高明。

田汝成的西湖名著可谓“前无古人，后无来者”。自宋代以来，有关杭州的志书便不在少数，包括《梦粱录》《武林旧事》《都城纪胜》等，但它们大都偏重于记录当时的风俗、史实，而对山川古迹则草草带过。唯有田汝成《西湖游览志》一书，将名胜而附以事迹，充实生动，文史并重。而与一般徒以觞咏登临、流连光景为主旨的明代游记小品文相比，则更有深度和价值，甚至可以说是霄壤之别。后世亦有一些书仿《西湖游览志》而作，如《湖山便览》便是其中的代表，为乾隆年间杭州人翟灏、翟瀚兄弟所作，相较田汝成之书，该书摆脱了地方志的色彩，完全成了一部

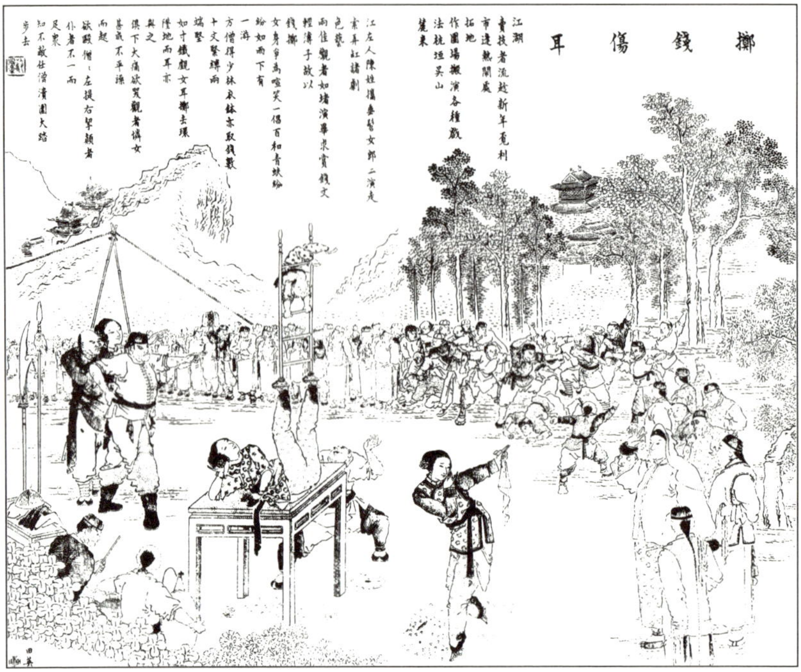

吴山庙会

西湖的导游书，虽有所改进，但始终无法超越《西湖游览志》及《西湖游览志余》在西湖文学史上的独特地位。

田汝成生于杭州，长于杭州，少时颇爱流连于杭州城的田瓦农舍、湖光山色之间，“隐丘樊，步武不出闾里之间，闻见不越简编之事”，他深谙杭州城里的每一个角落，熟悉西子湖的每一段历史，也热爱家乡的每一寸土地。《西湖游览志》和《西湖游览志余》是田汝成对杭城与西湖最深情的告白，他将杭州西湖的璀璨文化现于世人，传于后人。同时，西湖也成就了他，田汝成之名得以载入史册，为人们敬仰百年，《钱塘县志》在为他作的传中赞誉道：“杭士自弘（治）正（德）以来，扬声艺苑者，汝成为最。”

公元1557年，田汝成落叶归根，与他一生所爱、半生所念的妻子一起长眠在了西子湖畔——那年桃花灼灼，他们初见的地方。

笠翁李渔西湖情

传奇原为消愁设，费尽枝头歌一阕。
何事将钱买哭声，反会变喜成悲咽。
唯我填词不卖愁，一夫不笑是吾忧。
举世尽成弥勒佛，度人秃笔始堪投。

在这首诗中，“湖上笠翁”李渔以调笑的口吻讲述了自己的戏曲写作思想。传奇本就是为了消愁解恨而作，费尽力气歌上一阕，为什么要花钱买自己的哭声呢？李渔希望所有人都能够在戏剧中暂时地抛却俗世的纷扰，得到喜悦。秉着这一初心，“湖上笠翁”李渔成为中国历史上少有的专门从事喜剧创作的戏曲大家。

李渔塑像

李渔（1611—1680），原名仙侣，字谪凡，号天徒，又号笠翁，别署觉世稗官、随庵主人、湖上笠翁等。浙江兰溪人，出生于扬州府如皋县（今江苏如皋）。李渔自幼聪颖，富有才学，身上寄托着家族改变命运的使命。然而，他参加过几次乡试都落第了，此后就致力于小说、戏剧的创作。正因如此，中国戏剧在明清时期越发显得丰富多彩。而“笠翁”是他中年以后的字，“湖上笠翁”的“湖上”就是我们耳熟能详的西湖，他也正是在移居西湖后又号“湖上笠翁”的。因此，由于李渔在杭州有着两次长时间定居的基础，他与杭州的感情不可谓不深厚。

李渔与杭州的第一次亲密接触大约在清顺治七年至八年间（1650—1651），当时他由兰溪移家杭州，在此留居约10年时间，其间主要靠卖文刻书为生。作为一位深识老百姓心理的戏曲家，李笠翁被亲切地称为“李十郎”。而李十郎也是古代少数有版权意识的文人。相传，由于受欢迎的话本盗版猖獗，李渔是因为盗版太多而最终迁居于盗版的故乡金陵（今江苏南京），以便更好地进行交涉。按理来说，李十郎的话本如此受欢迎，他的生活应该富足而有余。而事实恰恰相反，作为一代“享受家”的李笠翁从不肯弃世间的美好于不顾，他在杭期间经常优游西湖山水，广交名士，没有积累钱财，最终潦倒。按照我们现在的说法，李笠翁的一生可以说是奉行享乐主义的，西湖的美景恰好就满足了他对美的追求。在杭十年，生活于如诗如画的西湖美景中，李笠翁的创作力相当旺盛，《无声戏》《十二楼》两部拟话本小说集以及许多传奇都完成于这段时间。

10年的居住，让李渔对西湖念念不忘。康熙十六年（1677），67岁的李渔又由金陵移居杭州。李渔在金陵生活的一段经历亦不容忽视。在此期间，他先后获得乔、王二姬，在对她们进行细心调教后组建了以二姬为台柱的家庭戏班，常年巡回于各地为达官贵人作娱情之乐，收入颇丰，这也是李渔一生中生活得最得意的一个阶段，同时也是李渔文学创作中最丰产的一个时期，《闲情偶寄》一书就是在这一时间段内完成并付梓的。李渔的享乐主义在这本书中可谓体现得淋漓尽致。

在游历了各地的山川美景之后，李渔最终选择了杭城，这个生活了10年的地方。李渔移居杭州后，买下了云居山东麓张侍卫旧宅，重新修整，其地历阶而上，俯视城郭，面临西湖，故取名为“层园”。李渔自题楹联一副：

繁冗驱人，旧业尽抛尘市里；

湖山招我，全家移入画图中。

繁杂冗长的俗世驱赶着人们躲进山林，过去的尘埃被李渔无情地抛却于尘世。西湖的湖光山色招手迎着李渔——这位俗世的妙人，带着全家入住西湖的一派胜景之中。这副楹联形象地写出了李渔这位人间游客的心声。晚来隐于山林之间是多数人求而不得的梦想，而李渔却真正做到了这一点。

值得一提的是，李渔晚年居住的层园，就出自他自己的手笔。纵然，在历史的变迁之中，层园已然不复存在，但仍旧可以从诸如《西湖新志》等历代人们的描述中窥见李渔旧居层园面貌之殊。据《西湖新志》载，层园与众不同之处在于："凡门扇、窗牖、匾额、对联，皆独出新意，即起居服用之物，亦多异乎寻常。"一代骚客李渔的才华着实令人惊叹不已，他的《闲情偶寄·居室部》对于园林设计论述详尽。如《房舍》一章中说："创造园亭，因地制宜，不拘成见，一榱一桷，必令出自己裁"；"土木之事，最忌奢靡"；"盖居室之利，贵精不贵丽，贵新奇大雅，不贵纤巧烂漫"。此外，如窗栏取景、大山、小山、石壁各节，也都论述得深微奥妙，有独到的见解，实在是一部精辟的造园学专著。时至今日，李渔的《闲情偶寄·居室部》仍是研究我国园林史及造园艺术的重要论著。其中的"因地制宜"原则是华夏建筑多少年来一直蕴含的原则。而"不拘成见"更是李渔一生的写照。

李渔晚年生活在湖光山色之中，虽然经济上仍很拮据，但他一向喜欢交友待客，因而层园常为招待客人之地，弦歌迭奏，殆无虚日。李渔的一生狂放不羁，无论是文学创作还是生活起居，都和独特的西湖一样活出了自己的精彩。

《闲情偶寄·饮馔部》是李渔讲求饮食之道的专著。他主张于俭约中求饮食的精美，在平淡处得生活之乐趣。其饮食原则可以概括为二十四字诀，即：重蔬食，崇俭约，尚真味，主清淡，忌油腻，讲洁美，慎杀生，求食益。这正表现了中国传统文化对饮食之美的追求。这里李渔讲述了自己的养生之道。他幽默风趣，把枯燥的养生理论说得有滋有味。为此，他的养生理论无论在当时还是以后都产生了深远的影响。这二十四字诀也和我们现在普遍认同的养生方式有着异曲同工之妙，即讲究清淡，追求食物的本味。除此之外，书中也介绍了江南一带鲜蔬及鱼蟹肉禽的各种吃法，因而对清代杭州地区的菜点制作、饮食风俗产生了一定的导向作用。在江南、在杭州长时间生活的李渔，一方面吸取民间对于食材的探索，一方面自己也不断尝试和改变，他或许也像苏东坡一样为杭州开创了许多诸如“东坡肉”一样的美食，只是不为我们所知晓罢了。不知道如今的“龙井虾仁”“西湖醋鱼”“宋嫂鱼羹”“八宝豆腐”等，究竟哪一道有着李渔的贡献呢？不过，杭帮菜讲究原汁原味，选料精细，兼顾时令，行厨有

李唐《清溪渔隐图》

李渔行书诗扇面

序，清淡是它的重要特点。不知道是杭州影响了李渔，还是李渔影响了杭州，抑或两者兼有，在对食物原味的追求和清淡这两点上，李渔与杭州不谋而合。

世人说到李渔在吃这方面的追求，螃蟹这一鲜味是万万不能被遗忘的。在历史上，嗜蟹成癖、以蟹为命的，恐怕非美食家李渔莫属了。每年从秋季螃蟹上市到入冬落市为止，李渔没有一天不吃蟹。早在上市之前，李渔就准备好一笔开支，设立“买蟹专用金”，他自己称之为“买命钱”。朋友们知道李渔爱吃蟹，都在螃蟹上市季节请他去赴宴。这是李渔一年中最开心的时候，他把九、十月称为“蟹秋”。他担心螃蟹落市后吃不上蟹，就让家人酿酒，以便用酒腌蟹，酒名“蟹酒”，糟名“蟹糟”，而腌酒的瓮就叫“蟹瓮”。在他67岁生日时，正赶上螃蟹上市季节，但家中经济已捉襟见肘，既无螃蟹也无酒。好在此时，湖州友人相邀，李渔欣然前往，盘桓数日，主人每宴必蟹，“自客苕溪终日蟹”。李渔大饱口福，心情特别舒畅，文思泉涌，作诗疾呼：“蟹乎蟹乎吾爱汝，欲买无钱空目睹。焉得人人何使君，俾尔日在腹中歌且舞。”也幸好这位嗜蟹如命的李笠翁生在江南一带，可以在螃蟹上市季节一饱口福，这或许也是杭州吸引他的一个重要原因吧。

当然，除了对生活品质的种种追求外，李渔一生最大的亮色就是对中国戏曲艺术的贡献。明清时期，以传奇为代表的新兴戏曲样式风靡剧坛，吸引了大批文人作家进行创作，同时以李渔为代表的戏曲理论研究也进入了一个空前繁荣的局面，浙江戏曲再次迎来了一个艺术高峰。其中以杭州西湖为背景的戏曲创作，可谓名家、名作辈出。据学者初步整理，到清末民初，今已收集到的西湖戏曲作品（仅指戏文、杂剧、传奇，不包括地方戏）约有104种，有写西湖旅游的情景和感慨的，有写与西湖有关的历史人物的，有写杭州流传的民间传说和社会风习的，有写与西湖有关的爱情故事的，或是写取材于西湖的承应戏的……不难看出，举凡与西湖有关的而又为群众熟知的历史人物和逸闻轶事，几乎都被历代戏曲家选为创作题材了。毫无疑问，杭州西湖丰富的自然与人文风景，为戏曲家提供了灵感的温床。

譬如李渔的《意中缘》，秦之鉴的《卖相思》，黄图珌、方成培等的《雷峰塔》等，就都取材于杭州西湖。就内容而言，这些写爱情的西湖戏曲作品，既有写普通百姓的爱情，也有写才子佳人的爱情，男女青年或相遇于游湖之际，或巧会于名园之中，甚至还有人“妖”之爱，人“鬼”之情。当然也有写爱情悲剧的，如《青灯泪》《桂香云影》等，悲愤地控诉了封建势力破坏青年爱情的罪恶。在那时，西湖俨然成了剧作家们展示婚姻悲喜、寄托美好愿望的理想场景。尤其是在明清之际那个理学盛行、封建礼法更为森严的时代，西湖成了剧作家们笔下男女青年追求爱情的自由天地。因而，西湖爱情剧最为突出的一大主题就是：抨击封建专制势力，赞美男女青年争取婚姻自由的斗争精神。李笠翁在西子湖畔这片底蕴深厚的水土上可谓如鱼得水，写出了无数优秀的作品，为西湖的自然景观披上了多彩的衣衫，而那些传奇至今仍吸引着西湖来来往往的行人过客。

清康熙十九年（1680），70岁的李渔在贫困中死去。死后葬于西湖南部方家峪九曜山之阳，墓前有钱塘县令梁允植题碣“湖上笠翁之墓”。今墓、碣皆不存。西湖上那位戴着斗笠的老翁，就这样逝于历史的洪流之中。然而，徜徉于西湖的后人们怕是永远也不会忘记那位嗜蟹如命、热爱生活的“湖上笠翁”。

吴敬梓笔下西湖

满地霜华满舵风，桑阴零落稻粱空。

浓沾两袖西湖雨，洒向烟波月色中。

一船的秋风，一船的霜华，秋月下的桑阴稀稀落落，秋收后的田野空旷无物，唯有那西湖的雨浓密缠绵，沾湿了衣袖，缥缈在朦胧的月色之中。这是吴敬梓笔下的秋西湖，不如苏轼所绘的春西湖那样气质天成，没有杨万里所赞的夏西湖那么明艳动人，亦无张岱勾勒的冬西湖一般的宁静淡雅，这首诗在浩如繁星的西湖诗篇中，似乎微不足道，但它所描绘的西湖萧瑟却不失生机、清冷却不掩静美，别有一番风味。或许世人皆知吴敬梓所作的《儒林外史》，却不知吴敬梓的一生亦是跌宕起伏。

吴敬梓（1701—1754），字敏轩，一字文木，号粒民，安徽全椒人。因家有“文木山房”，晚年自称“文木老人”，又因自家乡安徽全椒移至江苏南京秦淮河畔，故又称“秦淮寓客”。他是清代著名小说家之一，著有《文木山房诗文集》12卷（今存4卷）、《文木山房诗说》7卷、讽刺小说《儒林外史》等。

（吴敬梓）幼即颖异，善记诵。稍长，补官学弟子员。尤精《文选》，赋援笔立成。不善治生，性豪迈，不数年，旧产挥霍俱尽，时或至于绝粮。清雍正十三年（1735），巡抚赵国麟举以应“博学鸿词”，不赴。移家金陵，为文坛盟主。又集同仁建先贤祠于雨花山麓，祀泰伯以下二百三十人。资不足，售所居屋以成之，家因益贫。晚年，自号文木老人，客扬州，尤落拓纵酒。后卒于客中。

这是《安徽通志稿·吴敬梓传》中对吴敬梓的介绍，寥寥数语并不足以道尽他一生的浮华与悲凉。吴敬梓出身于有“一门两鼎甲，两代六进士”之誉的全椒吴氏，自幼饱读诗书，聪明过人，曾在赣榆县县中名士的宴会上，以一首意气风发、酣畅淋漓的《观海》震惊了四座——

浩荡天无极，潮声动地来。
鹏溟流陇域，蜃市作楼台。
齐鲁金泥没，乾坤玉阙开。
少年多意气，高阁坐衔杯。

我们不禁遐想，少年吴敬梓端坐于高阁之上，面朝大海，回望齐鲁

六桥才迹（选自《西湖佳话古今遗迹》）

的英姿，彼时他心中一定荡漾着如浪涛般的豪情壮志，憧憬着即将开启的绚烂人生。但是，造化弄人，他的旷世之才在腐朽的八股取士制度之下似无用武之地。在考取秀才之后，其科举之路就充满坎坷。一次又一次的落榜，目睹父亲为官正直清廉却因不善巴结而被贬、亲族在他父亲死后争夺属于他的财产甚至逼死了他的妻子，重重打击之下，吴敬梓历尽了世态炎凉，看透了黑暗的政治和腐朽的社会风气，一首《病夜见新月》诉尽了心中的痛苦悲戚——

一痕蟾光白昼残，空庭有人病未安。
暮禽辞树疑曙色，影落文窗移琅玕。
无聊尽日秋声聚，露重罗衣玉骨寒。
欲攀仙桂问月姊，老兔深藏不死丹。
仰天长啸夜气发，丝丝鬼雨逼雕栏。

整首诗作描绘出的刻骨寒意、无尽悲凉，让人叹息。

23岁那年是吴敬梓人生的转折点，自此他与将知识分子引入利禄圈套的科举制渐行渐远，拒应“博学鸿词”之试后，他彻底与科举制度决裂，专心投入《儒林外史》的写作，以春秋笔法揭露讽刺了“官僚的徇私舞弊，豪绅的武断乡曲，膏粱子弟的平庸昏聩，举业中人的利欲熏心，名士的附庸风雅，清客的招摇撞骗……”他的笔如刀剑一般撕碎了所谓的名流雅士身上的遮羞布！著名学者胡适曾说：“我们安徽的第一个大文豪，不是方苞，不是刘大櫆，也不是姚鼐，是全椒县的吴敬梓。”由此可见吴敬梓在中国文学史上的杰出地位。

吴敬梓生性豁达，睥睨尘俗，“素不习治生，性富豪上”，“倾酒歌

高克恭《春山晴雨图》

呼，穷日夜”，“生性豁达，急朋友之急”，不多时就将父亲的遗产挥霍殆尽，成为族人眼中“传为子弟戒”的败家子。对此，他不以为意，正如他在《儒林外史》中借杜少卿之口所说的那样：“逍遥自在，做些自己的事。”即使是到了“白门三日雨，灶冷囊无钱”的地步，他仍拒不参加科考，面对“长老苦口讥喃喃”，他毅然“叉手谢长老，两眉如戟声如虓”。他的密友程晋芳在《文木先生传》描述道：

出城南门，绕城堞行数十里，歌吟啸呼，相与应和，逮明，入水西门，各大笑散去，夜夜如是，谓之暖足……余生平交友，莫贫于敏轩。抵淮访余，检其橐，笔砚都无。余曰：此吾辈所倚以生，可暂离耶？敏轩笑曰：吾胸中自有笔墨，不烦是也。其流风余韵，足以掩映一时。窒其躬，传其学，天之于敏轩，倘意别有在，未可以流俗好尚测之也。

从出身豪门官宦之家的少年才子到屡试不第、散尽家财、穷困潦倒的落魄书生，吴敬梓弃绝了科考，落个半生清贫，亦得了半生逍遥，如此高风亮节、豁达洒脱之士，实乃达到了“大隐隐于市”的最高境界。

吴敬梓长于家乡安徽全椒，后常年客居于江苏南京秦淮河畔，而杭州西湖于他来说是惊鸿一瞥，短暂却难以忘怀。

在《儒林外史》中，吴敬梓借写马二先生游西湖，赞美了西湖大好风光及风土人情。此时的吴敬梓年逾不惑，万贯家财已然散尽，少年锐气也早已在一次又一次的科考失败中消磨殆尽，而当他面对美丽繁华的西子湖时，饱经风霜的身心似乎一下子又被注入了青春活力。不信，且看他笔下的西湖：

> 这西湖乃是天下第一个真山真水的景致。且不说那灵隐的幽深，天竺的清雅，只这出了钱塘门，过圣因寺，上了苏堤，中间是金沙港，转过去就望见雷峰塔，到了净慈寺，有十多里路，真乃五步一楼，十步一阁，一处是金粉楼台，一处是竹篱茅舍，一处是桃柳争妍，一处是桑麻遍野。那些卖酒的青帘高扬，卖茶的红炭满炉，士女游人，络绎不绝，真不数“三十六家花酒店，七十二座管弦楼”……马二先生起身出来，因略歇了一歇脚，就又往上走。过这一条街，上面无房子了，是极高的个山冈，一步步上去走到山冈上，左边望着钱塘江，明明白白。那日江上无风，水平如镜，过江的船，船上有轿子，都看得明白。再走上些，右边又看得见西湖，雷峰一带、湖心亭都望见，那西湖里打鱼船，一个一个如小鸭子浮在水面。马二先生心旷神怡，只管走了上去，又看见一个大庙门前摆着茶桌子卖茶，马二先生两脚酸了，且坐吃茶。吃着，两边一望，一边是江，一边是湖，又有那山色一转围着，又遥见隔江的山，高高低低，忽隐忽现。马

二先生叹道：“真乃‘载华岳而下重，振河海而不泄，万物载焉’！”

无论是湖光山色、桃柳争艳的自然美景，还是竹篱茅舍、桑麻遍野的农家风情，抑或是亭台楼阁、青帘高扬、游人络绎的人世繁华，都让吴敬梓驻足神往，只有在秋日雨夜里乘归舟泛西湖之时，方透露出丝丝悲凉之感。

吴敬梓是“大隐隐于市”之人，身虽沉浮于世俗之中，心却潇洒于世俗之外。他的《买陂塘》写道：“人间世，只有繁华易委。关情固自难已。偶然买宅秦淮岸，殊觉胜于乡里。饥欲死，也不管，干时似淅矛头米。身将隐矣。召阮籍嵇康，披襟箕踞，把酒共沉醉。”词中运用《世说新语》中“矛头淅米剑头炊”的典故，又以阮籍、嵇康自比，可见他在金陵（今江苏南京）的生活虽然清贫，却自由自在，获得了精神上的快乐。

在秦淮河畔金陵是如此的安贫乐道、逍遥自在，那吴敬梓对于西子

曲院风荷

湖畔的杭州，是否也想过定居于此，赏天堂美景，看世间百态，云卷云舒呢？虽然这个问题并未在他的诗稿里或是史册上留下答案，但我们始终相信，西湖曾经在他多舛人生中增添过一抹亮色，毕竟他笔下的西湖有着那样别致的美丽。

清乾隆十九年（1754），吴敬梓54岁，当年意气风发的观海少年已是两鬓斑白，岁月带走了他的美好青春，消磨了他的豪情壮志，却使他的心境愈发开阔豁达了。扬州之行，他访友痛饮，微醉之时，兴起吟咏唐人张祜的《纵游淮南》：“十里长街市井连，月明桥上看神仙。人生只合扬州死，禅智山光好墓田。”于繁花似锦的尘世之中觅得安宁，在淡云流水般的岁月里度过余生，吴敬梓许是将半生所愿都寄托在了这首诗中。可谁知一语成谶，是年十月二十八日，他与自北京南下的王又曾在舟中痛饮销寒，“归来之后，酒酣耳热，痰涌气促，救治不及，顷刻辞世”。就这样，一代文豪、大隐之于醉梦中结束了他传奇的一生，遗柩归葬金陵清凉山下。

弹指之间已过百年，西湖依旧如吴敬梓所写的那样清丽繁华，而《儒林外史》这本中华文化的经典传世之作，也将一如既往影响一代又一代的中国人。

袁枚抒西湖情思

春宵知是可怜宵，柳下呼舟月下摇。

消受水晶宫世界，四更犹有满湖箫。

仲春的西湖，山容水意、花态柳情、莺歌燕舞，让人流连忘返，正所谓“最爱湖东行不足，绿杨阴里白沙堤”，又道“晴湖不如雨湖，雨湖不如月湖”，若是能在春宵月下游览西湖，那该是多么极致的一种精神享受啊！诗人袁枚便有这般好福气，于婀娜摇曳的垂柳旁呼来一叶小舟，在澄澈如水的月光下，泛舟微波轻漾的西子湖，更有阵阵悠扬的箫声缭绕耳畔，绵绵不绝，恍惚间，仿若羽化登仙，置身于九天之上的水晶宫殿。如此美好的春宵，怕是千金亦难买一刻吧。

袁枚（1716—1798），字子才，号简斋，晚年自号仓山居士、随园主人、随园老人。钱塘（今浙江杭州）人，清乾嘉时期著名的诗人、散文家、文学批评家和美食家。

白日不到处，青春恰自来。

苔花如米小，也学牡丹开。

三百年前，袁枚无意间发现在墙角的阴影处，有一片绿油油苔草，草上星星点点地缀着小小的苔花，生于犄角却毫不畏缩，骄傲盛放，气势堪比牡丹。他一时间有感而发，写下了这首《苔》，区区20字，没有精致的结构和高妙的典故，却意境全出，令人回味无穷。三百年后，一群大山深处的孩子用他们稚嫩而充满力量的声音，重新唱响了这首沉寂多时的励志诗歌。而袁枚的一生其实也如诗中所描写的苔花一样，生于微末，却一心向暖，不负韶华。

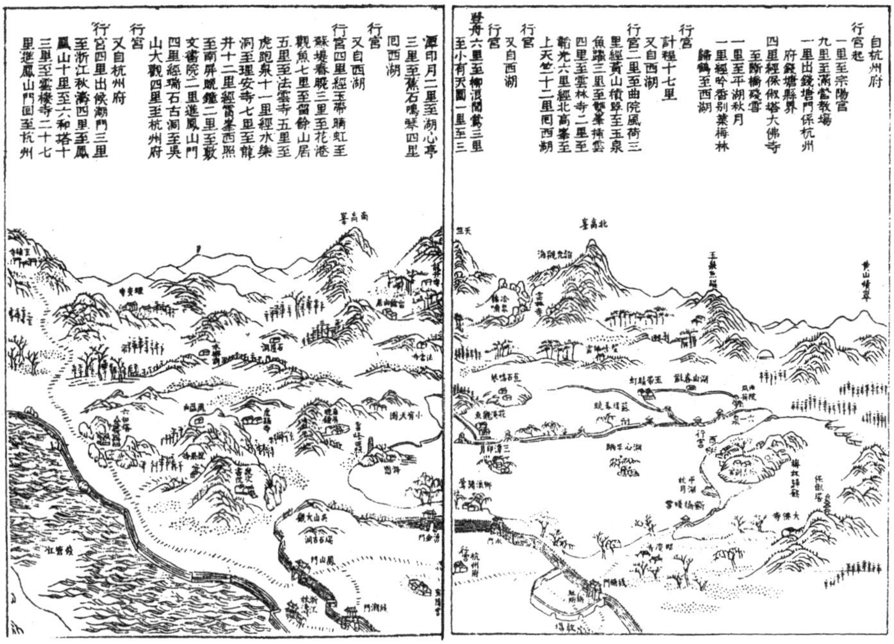

南巡盛典

袁枚年少时家境贫寒，祖父、父亲、叔父“皆以贫游幕四方”，家中拮据，只能靠着母亲章氏的辛勤劳动补贴开支，他曾在《秋夜杂诗》中道：“吾少也贫贱，所志在梨枣。阿母鬻钗裾，市之得半饱。”尽管一贫如洗，但袁枚对读书学习的热爱从未被消磨，少有才名，擅长写诗文。他求学于敷文书院（万松书院前身），“余少贫不能买书，然好之颇切，每过书肆，垂涎翻阅，若价贵不能得，夜辄形诸梦寐”。再加上天资聪颖，袁枚12岁中秀才，24岁考中进士，被授予翰林院庶吉士。乾隆七年（1742），他外调江苏，先后于溧水、江宁、江浦、沭阳等地任县令，为官勤政廉洁，推行法制，不避权贵，颇有政绩，“视民如家，官居而不能忘其地者，则其地之人，亦不能忘之也”，故深受百姓爱戴，改任时曾得赠绣有全城百姓姓名的“万民衣”。

袁枚还是当时的文坛领袖，“执诗坛牛耳五十载”，有“清代第一才子”之称，位列“清代骈文八大家”，又与赵翼、蒋士铨合称为“乾嘉三大家”（又称“江右三大家”），其文笔与大学士直隶纪晓岚齐名，时称“南袁北纪”。他在诗歌的理论和创作实践上对清代的文学有很大影响，他认为“诗有工拙，而无古今”，强调作诗应写性情、遭际和灵感，文辞当力求自然圆转、条畅灵动，强烈反对无病呻吟和矫揉造作之举，因而他的诗作逃离了庙堂文化的桎梏，表现出对个性自由的追求，对自我真趣的信仰和对私欲的肯定。他所创的“性灵派”，成了乾隆、嘉靖年间中国诗坛上的重要流派之一。

但最令时人诧异，也令后人感佩的，乃是袁枚的“离经叛道”。早在入仕之前，他便敏锐地洞悉了官场的虚伪腐败，相传他首次赴任前，向恩师——清乾隆年间的名臣尹文端辞行。尹文端问：“你此去赴任，都准

钱王祠功德坊

备了些什么？”袁枚回答说：“学生没有什么准备，就准备了一百顶高帽子。”乾隆十四年（1749），袁枚终于厌倦了“不过台参耳、迎送耳，为大官做奴耳”的仕宦生涯，以“侍母丁忧”为由，毅然辞官归隐，这种“仰天大笑出门去，我辈岂是蓬蒿人”的气度与魄力非常人所能及。

《论语》道：“子不语怪、力、乱、神。”而袁枚偏偏就对鬼神之事感兴趣，四处搜罗，汇集成一部《子不语》，全然不将圣人教诲当回事。袁枚还反对封建纲常礼教对妇女的压迫，鼓励女子进行诗文创作，于是他开创了大批招收女弟子之先河，其中便有著名的才女席佩兰、归懋仪、屈秉筠、严蕊珠等，极大地带动了清代妇女文学的繁荣发展。袁枚一系列不合伦常的做法，对封建正统文学观点及形式主义思潮造成了极大的冲击，而面对封建卫道士们“倡魔道妖言，以溃诗教之防”的恶评，袁枚也毫不在意，常常一笑置之，直到被骂得不耐烦了，才以诗文回击：“两脚踢翻尘世路，一肩担尽古今愁。如今不受嗟来食，村犬何须吠不休。”其豁达随性，可见一斑。

清初时期的杭州，城市商品经济发达、城市繁荣，市民生活丰富多彩，袁枚生于斯，长于斯，从小受到灿烂的西湖文化的熏陶，不仅养成了率真坦荡的性格与诗风，而且颇具商业头脑。他于江宁城西小仓山下构筑“随园”，拆除四面围墙，变私家园林为大众公园，一年四季任由游人玩赏。他又凭借超前的美学观念，打造了格调高雅的宴会环境，将餐桌摆到致幽的亭台水榭上，安排舞姬表演，随园生意蒸蒸日上。随后，他又自撰自销《随园食单》《随园诗话》等著作，一时间洛阳纸贵、供不应求，袁枚亦赚得瓢满钵满。或许袁枚未曾想到，两百多年后，在他的故乡杭州，西湖也如他的随园一般，拆除了围湖之墙，舍弃门票，以小博大，将西湖全景免费向游人开放，游客带动的巨大经济和品牌效益，使杭州城市发展受益至今。“放鹤去寻三岛客，任人来看四时花”，袁枚这副题随园联也恰恰体现了杭州西湖的开放与包容。袁枚与西湖，一个是杭州的才子，一个是杭州的美景；一个变私家庭院为大众公园，一个则将全景免费开放。从袁枚的开园到西湖的开放，穿越两百年的岁月，杭州的城市品格依旧延续着，熠熠生辉。

从袁枚青年离家为官起，他之于杭州，便开始有了过客的意味——辗转多地任知县，归隐之后定居江苏江宁，一生游遍名山大川，但无论袁枚身在何处，西子湖滨的故乡一直是他魂牵梦萦的地方。

“钱塘苏小是乡亲。”为官江苏溧水，袁枚刻下这样一枚闲章，以寄托对故乡杭州西湖的思念之情。

桐江春水绿如油，两岸青山送客舟。
明秀渐多奇险少，分明山色近杭州。

畅游桐江，看着两岸青山送客，袁枚想到的是杭州的明秀山色。

五叠六叠势益高，一落千丈声怒号。
如旗如布如狂蛟，非雷非电非笙匏。
银河飞落青松梢，素车白马云中跑。
势急欲下石阻挠，回澜怒立猛欲跳。
逢逢布鼓雷门敲，水犀军向皋兰鏖，
三千组练挥银刀，四川崖壁齐动摇。
伟哉铜殿造前朝，五百罗汉如相招。
我本钱塘儿弄潮，到此使人意也消。

到石梁观瀑布，被那飞流直下三千尺的九天银河震撼之余，袁枚发出了“我本钱塘儿弄潮”的感慨。

袁枚钟爱品茗，尝遍各地名茶——常州阳羡茶、洞庭君山茶、武夷茶……有趣的是，他为这些茶写下的赞美之词中都少不了“龙井茶”的身影——

> 茶深碧色，形如雀舌，又如巨米，味较龙井略浓。
>
> 色味与龙井相同，叶微宽而绿过之，采掇最少。
>
> 始觉龙井虽清，而味薄矣；阳羡虽佳，而韵逊矣。颇有玉与水晶，品格不同之故。

或许在袁枚心中，家乡的西湖龙井便是标杆一般的存在，其他的茶再独特，入得他眼却入不得他心。

袁枚在风靡一时的《随园食单》中收录了许多杭州名菜、名点。如该书《特牲单》中的家乡肉、蜜火腿（即今蜜汁火方）；《羽族单》中的鸡丝、干蒸鸭；《水族有鳞单》中的土步鱼、醋搂鱼（即今西湖醋鱼）；《水族无鳞单》中的酱炒甲鱼；《杂素菜单》中的问政笋丝；《小菜单》中的酱瓜；《点心单》中的金团、鳝面、糖饼、百果糕、风枵……这些杭州佳肴，从食材到做法，再到风味，袁枚都一一记录，经过反复比较，尽量获得

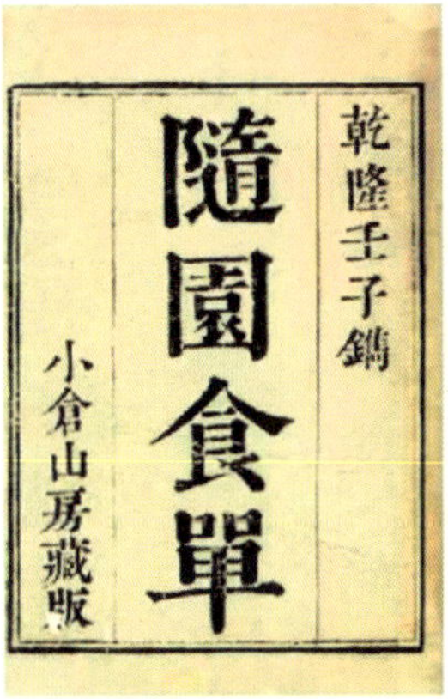

《随园食单》书影

制作方法的真传，其中有不少流传至今的杭州名菜，如荷叶粉蒸肉、南肉春笋、蜜汁火方、卤鸭、鱼头豆腐等，都可以在袁枚的《随园食单》中找到母谱。袁枚的《随园食单》极大地丰富了杭州名菜的文化内涵。而这些名菜的起源、命名和原料，不少都与西湖紧密相关，由此可见西湖乃是杭州饮食文化的发源地和传播地。

江山也要伟人扶，神化丹青即画图。

赖有岳于双少保，人间才觉重西湖。

虽说西湖的自然美景已入化境，但天下人对西湖的敬仰离不开岳飞和

岳王庙（老照片）

于谦这两位民族英雄的传奇故事。袁枚的这首《谒岳王墓》道出了西湖之美的真正内涵，即除了它的自然之美，更有它的人文之美。而袁枚自己也为西湖文化添上了浓墨重彩的一笔。百年后的今天，当人们拜读袁枚的西湖诗作，品尝《随园食单》中的西湖珍馐时，也不禁发出和赵翼一样的赞叹："一个西湖一才子，此来端不枉游资。"

月明如水浸沙堤，堤上游行一杖携。

惹得家僮没寻处，夜深孤坐断桥西。

又是一个静谧的西湖之夜，皎皎明月之下，不再年轻的袁枚孤坐在断桥上，此时他在想什么呢？我们猜不到，因为杭州与西湖对于袁枚来说真的意味着太多太多，这里承载了他所有清苦而欢愉的少年时光，见证了他这朵小小苔花努力绽放的奋斗历程，埋葬了他最亲爱的慈母……他曾在《湖上杂诗》中写道："老夫心与游人异，不羡神仙羡少年。"或许这便是袁枚对西湖畔的年少时光最深切的怀恋，出走半生，他只愿归来时仍是少年。

清乾隆五十五年（1790），袁枚因扫墓白发归家，第二次在西湖宝石山上同他的13个女弟子一起，"大会于湖楼，各以诗画为贽"，这是他最后一次回到故乡西湖。望着那"山色如娥，花光如颊，温风如酒，波纹如绫，才一举头，已不觉目酣神醉"的西湖，他是否又忆起了，自己9岁那年，登上吴山，第一次远眺西湖全貌，吟出了"眼前两三级，足下千万家"的童稚之语时的那份欣喜呢？

嘉庆三年冬（公历为1798年），一代才子袁枚于随园逝世，享年82岁，葬于南京百步坡。终其一生，快意潇洒，了无缺憾。

吴昌硕西湖印象

题西泠印社图

把臂龙泓共入林，缶翁图像写倭金。
何由更复吾丘魄，湖水西泠深复深。

——王国维

该诗首句描述了吴缶翁与龙泓山人一起把臂入林的场景。龙泓，即丁敬，字敬身，号钝丁、龙泓山人等，钱塘（今浙江杭州）人，清代篆刻家，为西泠八家之一。缶翁，即吴昌硕，晚清民国时期著名国画家、书法家、篆刻家。《萧笺》中云：西泠印社创立伊始，日本学人高田忠周辈纷请加入，并铸吴昌硕铜像置于社中。西泠外深深的湖水，怎能招返吾丘衍的精魄？

清光绪三十年（1904），在那个动荡不安的社会里，有四位浙派篆刻家在孤山数峰阁旁买地筑室，收藏了碑刻、书法、印章、文物，并发誓“永为社产，不私所有”。“人以印集，社以地名”，“天下第一名社”西泠印社由此产生。吴昌硕担任第一任社长。

吴昌硕（1844—1927），初名俊，又名俊卿，字昌硕，又署仓石、苍石，多别号，常见者有仓硕、老苍、老缶、苦铁、大聋、缶道人、石尊者等，浙江安吉人。晚清民国时期著名国画家、书法家、篆刻家，“后海派”代表，与任伯年、蒲华、虚谷合称为“清末海派四大家”。他集诗、书、画、印为一身，融金、石、书、画为一炉，被誉为“石鼓篆书第一人”“文人画最后的高峰”。他在绘画、书法、篆刻上都是旗帜性人物，在诗文、金石等方面均有很高的造诣。

日本雕塑家朝仓文夫酷爱吴昌硕的书画金石，曾于1920年慕名来华，与吴昌硕结成忘年之交。回国后，朝仓文夫运用洗练的手法，塑造了一尊吴昌硕的半身铜质胸像，并亲自将塑像送到杭州。吴昌硕观后，赞叹不已，并在铜像之后题字道："非昌黎诗，咏木居士；非裴岑碑，呼石人子；铸吾以金，而吾非范蠡，敢问彼都之贤士大夫，用心何以。辛酉八月昌硕戏题，年七十八。"字里行间流露出这位艺术大师的宽广胸怀。

吴昌硕《朝日红荷》

动乱、清寒、奔波成了老缶先生84年人生的主基调，他仅在晚年才享受到相对安定的生活，获得了声传遐迩的名誉。他历经了太平天国运动、第二次鸦片战争、洋务运动以至军阀混战等重大事件，目睹了中国天翻地覆的时代变化，同时也切身体会了外来文化的冲击与本土文化的交汇及其变革。

在早期，他的生活平淡且安定，幼时随父读书，颇受家庭熏陶，就学于邻村私塾。但是，生活总是不尽人意，在他17岁时，一家人在太平军攻浙以及清兵的追剿事件中，只剩下他与父亲二人生还。更悲惨的是，在逃乱之中，他与家人失散，只身逃难，度过了近五年的流亡生涯。之后的生活充满了漂泊之苦，野果、树皮、草根成了充饥的选择。这段身世飘零、

吴昌硕《墨梅》

踽踽前行的经历，对青少年时期的吴昌硕产生了非比寻常的影响，艰难的岁月化作了他后来的诗文，让人身临其境。

清同治八年（1869），他赴杭州，就学于诂经精舍。诂经精舍，嘉庆二年（1797），浙江学政阮元于西湖孤山上构屋五十间，集全省通经之士纂辑《经籍纂诂》。阮元升任浙江巡抚后，于嘉庆五年（一说为六年正月）将其辟为精舍，谓："精舍者，汉学生徒所居之名；诂经者，不忘旧业，且勖新知也。"（阮元《西湖诂经精舍记》）崇汉学，轻理学，精舍祀汉许慎、郑玄，不祀宋程颢、程颐、朱熹，使学者知为学之要，在乎研求经义，而不在乎明心见性之空谈。择浙江经学修明、通于一艺者肄业其中。吴昌硕于此从名儒俞樾习小学及辞章，编成《朴巢印存》。俞樾工书法，有江声之风，以篆、隶法作真书，善以隶笔作楷书，别具一格。寻常书札，率以隶体书之，尤工大字。这对后续吴昌硕的书法起了很大的影响。

到了中期，吴昌硕正式开始了外出交游、寻师访友的求学和谋生生涯。眼界的开阔，见识的增长，为他后来的艺术创作奠定了广阔而坚实的基础。此外，在这30年间，吴昌硕的人生与艺文几乎是同步增长的，一大批文人、社会名流、艺术家师友的交流切磋，极大地丰富了吴昌硕的文化视野，提高了他的艺术修养。在他这个重大的修炼阶段，杨岘、高邕之、吴伯滔、蒲华等师友无不起过或大或小的影响。

吴昌硕“西泠印社中人”印

也是在这时，吴昌硕与杭州结下了不解之缘。他的游踪遍及杭州各地，可谓“读万卷书，行万里路”“看万张画、交万人友”，也在杭州留下了许多著名的作品。在这个时期，吴昌硕基本上以教馆、充当幕僚、捐做小官为生，养老育妻小，为生计所苦。四处奔波、寄人篱下的生活，给中年的吴昌硕很大的刺激和磨炼，他逐渐形成了幽默与冷眼看世事的性格，也写下了不少的自嘲诗。在他39岁时接家眷定居苏州，被推荐为县丞小吏，生活清苦。但这是他勇猛精进的艺术成长期。

吴昌硕“西泠印社中人”印

后期，花甲之年以后的吴昌硕，基本上往来于上海与苏州之间，过的是传统文人雅士诗酒会友、书画自娱、卖艺为生的日子。吴昌硕的绘画，至60岁而门户已立，之后达到创作的巅峰。尽管人们把吴昌硕的作品当作无价之宝，但他自己却不以为然。一次，一位友人在闲谈中说：“现在一般人鉴赏和选择书画，往往以耳代目，真是怪事。”吴昌硕笑道：“如果他们真的都用眼睛鉴赏，我们这些人不是要饿死了吗？”

徽闻汉印关兵象，心尽雕龙老斫轮。

留得西泠干净土，家风梦篆有斯人。

——朱孝臧

1912年，吴昌硕至杭州与西泠诸友宴集。西湖美景引人入胜，激发了这位绘画大师的灵感，许多著名的荷花图由此诞生。荷叶以泼墨法绘出，墨分五彩，浓淡相宜；荷花以胭脂加水晕染，得娇艳欲滴之貌。构图盈满，层次鲜明，画风新奇。是年，吴昌硕始以字行。次年，他担任西泠印社社长。从此，自己深爱的篆刻书法终于有了安身之处，相同的爱好者有了交流之所。如此之来，在人文荟萃的西湖，有了一个艺术的落脚点。西泠印社经过10年的建设，初具规模，并开展了集会、展览、收藏、出版等一系列活动。盛名之下，精英云集，李叔同、黄宾虹、丰子恺等均为西泠印社社员。

1923年，西泠印社举行了建社20周年纪念活动，“罗列金石家书画千余幅于社，张挂四壁，一时文采风流，声闻远布”。此时，印社的园林建设全部完毕。社内环境幽雅，风景秀丽，楼台亭阁建筑精美，摩崖石刻星罗棋布，成为西湖园林的精华之处。百年以来，印社在社员的苦心经营下，已形成规模。在孤山西端尽头营造出一个精巧雅致的园林景观，印社北枕孤山，南望湖中三岛，为湖山绝胜处，更融人文意趣、山水园林于一体，“占湖山之胜，撷金石之华”，可谓人杰地灵。

在70岁生日时，吴昌硕迁居吉庆里923号，三上三下的房子，始为宽敞。是时，他重订润格，齐白石、王一亭、潘天寿等名人归于门下，其在艺坛的地位已经确立。次年，《吴昌硕先生花卉册》由商务印书馆出版，同年，吴昌硕又被推为上海书画协会会长。为纪念西泠印社成立，他写下了碑文《西泠印社记》，辞章与书法俱佳，是吴昌硕人书俱老时期小篆艺术风范的杰作。

十年不到香雪海，梅花忆我我忆梅。

何时买棹冒雪去，便向花前倾一杯。

“鸣鹤忽来耕，正香雪留春，玉妃舞夜；潜龙何处去，看萝猿挂月，石虎啼秋。”余杭超山报慈寺旁有一株宋梅，虬枝枯干、苍老遒劲，逢时开花。吴昌硕每次来超山，总要在宋梅下反复观赏，不忍离去。1923年，周梦坡为宋梅筑亭，名宋梅亭。吴昌硕则挥毫为之画了一幅《宋梅图》，格外传神。得意之作《宋梅图》，至今留有余香。

在他84岁这一年，又值闸北兵乱，他曾避居余杭县塘栖镇小住，再

吴昌硕孤山题刻

游超山，复瞻宋梅，遂认报慈寺宋梅亭畔为其故后长眠之所，由是亦证其“平生梅花为知己”之情愫。同年11月29日，吴昌硕辞世于沪上寓所。6年后，移葬余杭超山。

在传统文化融合、会通的大背景下，吴昌硕最大的特点和优点也是通融和超越。他与传统文人画家不同，兼诗、书、画、印四绝于一身，能博采众长，兼收并蓄，将四绝融会贯通。

岁月像是一把筛子，筛掉了过去的功名与利禄，只留下一颗淡泊的心；岁月像一位化妆师，粉饰年少时身世飘零的回忆；岁月像一位收藏家，让书画沉淀得更加有韵味。吴昌硕先生在世道的轮回中，划下了一道深刻的痕迹。他一生酷爱梅花，生前种梅、赏梅、画梅、咏梅，死后葬于超山梅林。只见香海楼前那枝古宋梅，古干虬屈，苔蟠其身，岁久齿皮作麟甲，年长苔色幻为青铜。而疏朗的枝头之上，仍暗香浮动，花开数朵；冰魂玉质，潇洒出尘；疑是瑶台仙品，人间少有。愿梅知己从此安眠，花香不散。

林风眠美术西湖

塘如半月三生缘，屋似围龙十里烟。

青石小桥鹅卵路，山川灵秀育风眠。

世间万景，最忆是杭州。这里有悲欢离合、喜乐苦楚，有着他艺术生涯的黄金时代、婚姻生活的甜蜜时光。西子湖畔，光辉岁月，挥之不去的眷恋之情伴随着他的创作生涯。活着时候，他睁着眼睛去梦晴方好、雨亦奇的西湖美景；而今闭眼，他便在西子的柔波中永久沉眠。睁眼做梦，风里入眠——林风眠是也。

林风眠，原名林凤鸣，广东梅县人。他是享誉世界的绘画大师，是“中西融合”最早的倡导者和最主要的代表人，也是中国美术教育的开辟者和先驱。作品有《春晴》《江畔》《仕女》《山水》《静物》等，著有《中国绘画新论》，出版有《林风眠画集》等。

走进杭州植物园大门旁的灵隐路3号，一座西式二层独立小楼映入眼帘，这便是林风眠1934年亲自设计和建造的故居。法式宅院却又不失中国韵味，正体现他东西方文化和谐和精神融合的理想。1999年修整后，开放供瞻仰。这里阡陌交通，静谧盎然，树荫成碧，有着桃源般的仙境之感。客厅、卧室、画室、露台、地下室和草地都充满着浓郁独特的艺术之感。每一扇门的背后都藏着一个故事，记载着这位美术大师一生的情怀。古老的墙圮，典雅的阁间，与其第二任妻

林风眠

子以及女儿一起宁静温馨的家居时光，往事藏在光阴的罅隙里，流淌着一个又一个故事……

“西湖国立艺术院于九日举行开学典礼，来宾有吴稚晖等人，行礼如仪后，院长林风眠致辞，略谓西湖有许多人来访，一为游览，二为烧香，前者为此地风景好，自然美吸引，后者为拜佛。其实，佛在人心，何必远道而来，盖亦仰慕西湖之美也，而在美上，人心不知足，故有自然之美之外的创造，这是设立艺术院初衷。”1928年4月11日，《申报》报道了国立艺术院成立的消息，29岁的林风眠在杭州西子湖畔的哈同花园大礼堂行就职礼。重楼叠阁，玲珑水次，蔡元培手书校碑，英飒男儿，在此担当起了重任。杭州西湖的美景触动了林风眠，他说：“我们谈到杭州，就立刻想到西湖。西湖之天然美，固曾为宗教家所利用；西湖之人工美，固曾为有心者所增益；而西湖之创造美，则自西湖国立艺术院成立以来，始见有焕发之气象。”

在这之前，林风眠度过了一段艰苦的童年时光。梅州失母，四海流亡。老舍说：“失去了慈母便像花插在瓶子里，虽然还有色有香，却失去了根。”祸兮福之所倚，福兮祸之所伏。生活就是如此，有令人伤痛的绝望，也有令人欣喜的希望。这位童年多舛的少年因美术天赋散发出芳香。15岁时，林风眠考入梅州中学，遇到人生第一位伯乐——美术老师梁伯聪，老师的鼓励与赞赏指引着这位少年进入了艺术的新天地。4年后，他从同乡好友那里听闻，蔡元培先生正召唤学生去法国留学，于是19岁的他毫不犹豫地考入了法国第戎美术学院，很快又被院长举荐到巴黎美术学院深造。21岁时，林风眠留学德国，在这个充满艺术气息的国度里，他不断探索艺术的奥秘，从毕加索、塞尚等世界级画坛大师那里采集蜜汁，逐渐崭露头角。除此之外，林风眠在去往法国时，他邂逅了甜蜜的爱情，遇到了当时在柏林大学攻读化学的德国姑娘爱丽丝·法当，富有艺术气息的爱情火花就这样产生了。在柏林浪漫的街头，两人一见钟情，并且很快结婚。爱情的滋养更加激发了林风眠的创作灵感。在美术展览会上，林风眠的巨幅油画《摸索》，以独特的主题和表现力，深深震撼在场众人，也让林风眠脱颖而出。然而，明天和意外从来不知哪一个先到来，正当他沉浸于艺术成就的喜悦时，妻子法当分娩后患上产褥热，母子共亡。此后林风眠转向创作寻求温情与慰藉，由此，静谧、凄美、伤感的仕女图成了他寄托思念的载体。

上有天堂，下有苏杭。春季拾掇到处都有的“殷山红”，夏季摘莲花采荷叶，秋季满觉陇闻桂香簪桂花，冬季到西溪看芦花；在西湖畔这人间天堂般的地方，林风眠放下了过去痛苦的回忆，继往开来，立志进行一次艺术改革，开创属于中国人自己的现代艺术。为此，他打破呆板的教学窠臼，倡导自由、开放的教学氛围。在这里，林风眠培养出一大批具有独立精神的艺术家，李可染、艾青、赵无极、吴冠中等等，都是他的得意门生。除此之外，林风眠秉着美育实践的明确宗旨和鲜明特色，在杭州成立了“艺术运动社”。他与艺专师生们将学校作为艺术运动的中心，除了在艺专校内经常举办各类规模不等的观摩和展览、发行艺术理论刊物之外，艺专的师生更是走出校园去办展，借以宣传艺术运动，扩大学校的影响，以期更好地促进美育的发展。

1929年1月，林风眠开始了美术西湖的一年。1月，“西湖一八艺社”成立；4月，参加教育部举办的第一届全国美展，展出油画《贡献》《海》《南方》，并任评选委员，兼任西湖博览会艺术馆主席，主办西湖博览会艺术馆；10月，奉教育部令，国立艺术院改为杭州艺术专科学校。他为纪念熊君锐牺牲创作油画《痛苦》，出版《亚波罗》杂志。

林风眠画作

1930年，31岁的林风眠在暑假时与潘天寿赴日考察教育，在日本东京举行艺术运动社及杭州艺专教授作品展。为《前奏》月刊撰写发刊词。两年后，林风眠发表了《美术的杭州》，文中写道：“我们知道，属于美的，有天然美，人工美，以及创造美之区别。天然美是天生地设不加上些人工而自然美妙动人的；人工美是在天然美之外，加以人工之改造或补充而成；创造美是完全由人类的力量，在固有的美的对象之外，创造出一种新生的美来的。”这段话深刻地体现出了林风眠对美和美学的理解。对于美学的不懈追求又让林风眠在蔡元培的70岁大寿上，与社会各界人士一起，提出捐资成立孑民美育研究院。此后，油画《悲哀》、《构图》等百余幅油画和国画作品，让三十而立的林风眠一枝独秀。

天将降大任于斯人也，必先苦其心志。林风眠的艺术人生并不是一帆风顺的。1937年抗日战争全面爆发，国立杭州艺专被迫内迁，38岁的林风眠先至浙江诸暨、江西，后到湖南长沙。次年，教育部将北平艺专、杭州艺专两校合并，迁到湖南三沅陵，委任林风眠为主任委员。命运到了万物萧条的秋天总是特别脆弱，学校改组，因与教育部及校内某些负责人意见不一致，林风眠被迫辞职。辞职后的他并没有放弃对艺术的追求，反而鼓励学生在艺术的道路上继续走下去，并为学生题词“为艺术战”。在回上海安顿了家小之后，转贵州、河内、云南抵重庆。在要离开杭州时，他购买可以纪念杭州的零星东西归遗亲友，并向他们述说杭州的美丽。之后，林风眠带着几百名师生，流亡至湖南。

辞职后的林风眠始终作着寂寞的艺术探索。他每天都埋头作画，醉心着水墨和油彩的交合与新生。宣纸、画笔、颜料、木桌椅，一幅幅的画作从中诞生。这样的生活一直持续到了1945年。抗战胜利后，46岁的林风眠随学校回杭州，继续在杭州任教。恨别多载，重回故里，物非人非，留在

林风眠画作

家中的油画作品全被之前滞留在此的日本军割成一片一片，作为马匹的挡雨布，其中包括当年在国外大放异彩的《摸索》。多年心血就如此毁于一旦，对于一名热爱艺术的人来说，其痛心无异于丧失生命。但是再多的苦难也没能阻碍这位美术大师追逐艺术的步伐。在他48岁时，林风眠决定辞去教授之职，与家人同住杭州玉泉住宅，潜心作画。次年，林风眠又被杭州艺专聘任，主持林风眠画室，苏天赐任助教；做学术报告《关于毕加索与现代绘画》。三年后，杭州艺专改称中央美术学院华东分院，52岁的林风眠又被迫免职。次年，他移居上海南昌路53号，闭门埋首作画，继续以“我入地狱”精神探索艺术。从此永远离开了杭州。

1956年，他的妻子、女儿、女婿离开了上海，远走巴西定居。妻女走了后，林风眠孤身一人住在上海旧楼中，一住就是27年。在“文化大革命”期间，林风眠被迫将数十年积累的精品力作，沉浸在浴缸，化成纸浆，用抽水马桶冲走。67岁赴往劳动改造，69岁因莫须有的罪名被捕入狱。直到1972年，在周总理与廖承志的关心下，林风眠以“无确凿证据，应予释放”的结论结束了4年半的牢狱生涯。5年后，78岁高龄的林风眠离开大陆来到了香港，画作无数、参展无数的他此时仅剩下了40幅画作。

佳作的丢失与破坏，让经历岁月的林风眠学会悠然，孑然一身反而可以素履前行。这世间的来来去去，原来都只是淡淡落落的从容。温柔地对待这个世界，是一种自我宽恕。放下行囊，不羡慕远方，只在时光里静静安住，慢慢老去。林风眠离开大陆之后，忘却了世俗的纷争，怀着年轻时的“西子心”，一笔一笔地画下记忆中的西湖。杨柳依依、河畔莲子、阁楼拱桥……时光在一幅幅的画卷中慢慢缱绻，温暖地慰藉着这位苍老的翁师。或许他更适合做艺术的孤鸿，在自己的世界里独自飞翔吧。

“美像人间一个最深情的淑女，当来人无论怀了何种悲哀的情绪时，她第一会使人得到他所愿得到的那种温情和安慰，而且毫不费力。”林风眠一生追求艺术，美如西子，摇曳生姿。他苦中作乐，画下永不褪色的丹青；他从容沉潜，留下美丽的西湖印象。林风眠的一生就是一幅美术作品，自成一派，无人模仿。“一个艺术家的一生，像茧儿吐丝、结茧，然后自己咬破茧丝，美丽的彩蝶才能出茧自由地飞翔。”林风眠的这句话便是对他自己最好的写照。短的人生飞花掠影，长的艺术永被铭记，他化作一只彩蝶，在西湖上久久盘旋。

西湖画工黄宾虹

西子湖畔，栖霞岭的雪和山一起相守白头，缥缈梦幻的雾气弥漫在空灵山谷里。一位精神矍铄的老翁，手拿一支画笔，镌刻西子的姣好容颜。从前的日子很慢，一生只够像雪花一样纷飞一次，走着走着，就白了头。今年春天，黄宾虹纪念馆的荷花开得格外耀眼，不差当年的朴素静谧、闲适雅逸。花似人有情，情到深处，却又不知从何说起，只好把这记忆藏到绘画作品中，此时无声，却更胜有声了。

黄宾虹（1865—1955），祖籍安徽歙县西乡潭渡村，出生于浙江金华。原名懋质，后改名质，字朴存，中年更号宾虹，别署予向，晚年署虹叟、黄山山中人等。历任新华艺专、北平艺专、中央美院华东分院教授、全国政协委员。他学养渊博，著述宏富，诗书画印及鉴赏皆精，为中国近现代艺术史上的一代巨匠。著有《陶玺文字合证》《古印概论》《古籀论证》《古文字释》等。

西湖

菡萏香消画舸浮，使君宁复忆扬州。

都将二十四桥月，换得西湖十顷秋。

——欧阳修

熏得游人醉的菡萏、无穷碧的莲叶、银碗里盛着的断桥白雪，让这位艺术修行者早早地对杭州着意。1920年岁末，瑞雪给大地铺上了一床薄纱，黄宾虹与太太从上海直奔杭州西湖赏雪。西湖笼罩着一层白白的雾气，像戴着面纱的西子，柔清纯雅美。淡淡的呼吸在空气中荡出一阵阵的涟漪，既虚又实，似梦境一般。雷峰塔和玉女塔若隐若现，尽显阴柔相济之美。正如张岱在《湖心亭看雪》中写道：“雾凇沆砀，天与云、与山、与水，上下一白。湖上影子，惟长堤一痕、湖心亭一点，与余舟一芥，舟中人两三粒而已。”他说杭州是平原地带，像一个大花园，处处都是景致。黄宾虹常在西湖泛舟，纵一苇之所如，时而诵明月之诗，时而歌窈窕之章，他身边常带一本小册子，每到一处总是画下眼前风景。一日暮色时分，在金沙港岳坟一带泛船，看着“斜晖脉脉水悠悠”的风光，黄宾虹不禁感叹：“杭州地方真好！”每个人的心中都有一座城，而黄宾虹心中的理想之城就是杭州。

黄宾虹《严子陵钓台》

1894年，31岁的黄宾虹出新安江赴扬州。他途经杭州时，短暂的停留让一切美好的回忆又涌上心头。雕栏玉砌应犹在，而眼前已不是当时人。上次离别的时候是冬天，这次到了来年的春天，仍然不能长久相聚。高山流水，知音难觅。在1918年，黄宾虹参加苏曼殊的葬礼后也曾来到西湖游览。有的时候，杭州西湖就像黄宾虹的红颜知己，永远是他人生道路上的憩站，让他在喧嚣的凡尘中得到片刻的宁静。

明人袁宏道曾盛赞道：“湖上诸峰，当以飞来峰为第一。”苏东坡也曾有“溪山处处皆可庐，最爱灵隐飞来孤”的诗句。杭州灵隐寺的飞来峰无石不奇，无树不古，无洞不幽，秀丽绝伦，引得无数迁客骚人为它驻足，黄宾虹也不例外。1954年，年近九旬的黄宾虹在杭州灵隐飞来峰写生。历经千帆再次回到杭州，面对眼前的怪石巉岩，人生越发显得渺小了。大自然鬼斧神工，留下的影响或许需要上万年才能被历史的痕迹重新覆盖。但人在世上走一遭，又能禁得住几次的白驹过隙呢？

黄宾虹想要出世，过着“采菊东篱下，悠然见南山”的怡然生活，但是时代让他身不由己。黄宾虹出生在清同治四年（1865），第二次鸦片战争的爆发，清政府的衰败，半殖民地半封建的社会以及家庭的封建思想，让黄宾虹的前半生定格在考取功名的道路上，终日将时光消磨在八股文中。1876年春，13岁的黄宾虹第一次赶考县试就中了秀才。父亲大喜过望，认为儿子的仕途可以肯定了，就不再对他严格约束了。或许是因为过度的压迫，让黄宾虹心中对绘画的热爱越发生根。当摆脱父亲的束缚后，他将兴趣完全投入到绘画上，过上了一段短暂的欢乐时光。黄宾虹每日沉浸在古人营造的山水意境中，将八股文抛到了脑后。然而，在接下来的乡试中，上天并没有因为黄宾虹的天资聪颖而再次眷顾他，他落榜了。接着，清朝传统手工业的破产让黄宾虹一家家道中落，父亲将全家子女唯一读书的机会给了黄宾虹，就这样，黄宾虹成了全家的希望。20岁时的黄宾虹赶考举人名落孙山，仕途之路随着这一次落榜随之黯淡，生活的艰难不由分说地向这位养尊处优的少年跌宕而来。

黄宾虹画作

生活有的时候不仅让眼

前充满苟且，而且难以看到远方。二十世纪三四十年代，整个社会笼罩在艺术革命、文化革命与社会革命的风云变化之中，黄宾虹身逢乱世，处境堪忧，却对艺术的革新有着一颗始终坚定不移的心。在那个时代里，黄宾虹充当了时代的勇者，他“不合时宜”地诉诸传统文人意趣和士大夫认同，实际上却将家国情怀注入“山水”题材和“山河”中。在这一特殊的历史阶段，黄宾虹见证了近代文人艺术与中国革命之间复杂而微妙的张力关系，同时他也是助力者之一。

一个人的路总归是孤寂的，黄宾虹不愿同流合污，几十年不为名利所诱，以“三更灯火五更鸡”的顽强意志和毅力，将中国山水画的发展推到了全新的高度。作为20世纪中国绘画界贡献最为突出的大师之一，黄宾虹追求“士夫画”“逸品”“内美”“浑厚华滋民族性”，使画面“黑密厚重”，甚至“墨黑一片”，不为时人所识，他每一次的前进，都注定是向更寒冷的地方走去。高处不胜寒，一人自由地起舞弄清影，也胜过人间烟火。

延续十余年的抗日战争和解放战争，如一个无法挣脱的牢笼，禁锢着黄宾虹的身躯。直到1948年夏，耄耋之年的黄宾虹应国立艺术专科学校之聘，任国画教授，全家从北京迁往杭州。在黄宾虹去往杭州看雪时，他的太太曾说：“最好家住在杭州。”他接着感叹：“何尝不好，可是住在杭州地方也不是简单的，我们是没有条件住在这里的。”当生命接近尾声时，黄宾虹最终实现了毕生夙愿。1949年9月中旬，黄宾虹途经上海，接受记者访问，老人不失当年的风骨，娓娓谈论自己的艺术理想，坚信太平盛世，指日可待。

人生苦短，少有着意的地方。爱上杭州西湖，是一种缘分。在这所西湖畔的学校里，谈笑有鸿儒，往来无白丁，黄宾虹终于不再是独自一人。1949年5月3日，杭州解放。黄宾虹一生飘零，今天终于能安心地拥有属于自己的家了。

88岁那年，黄宾虹搬到栖霞岭32号。从栖霞岭向南望去，便是西湖。老人用浑浊的目光抚摸这美丽的景色，站在冈山之巅，与这碧波相比只是小小一粟，却又无法融入温柔的怀抱。盈虚者如彼，而足莫消长已。时光兜兜转转，最后还是让黄宾虹回到了心之所往之地。

岁月的磨砺让这位老人的画笔更加锋利。在那里，黄宾虹仍是每天坚持作画，好不容易来到了一个没有车马喧嚣的地方，但是命运好像又开了一个玩笑。老年的黄宾虹白内障加剧，眼睛几乎失明。然而，这位大师用追逐艺术的心一一战胜了它们。眼睛看不见，更让黄宾虹学会用心去感受。黄宾虹对于艺术竟达到手心相忘的境界，蜕变为了真正的“浑厚华滋”。

“用水在墨，更在笔。笔含水少称渴笔。湿笔，渴笔，作画时都要用，都是在变化的；先是湿笔，用到后来变成渴笔，但湿笔不可成墨猪，渴笔不可成枯木。垢道人下笔润含春雨，干裂秋风，非一时之功，要在运笔的徐疾、提按、顿挫、点垛、转折上多练习。”黄宾虹经典的话语，随西湖之波久久荡漾。

89岁，一场胃病夺取了“西湖老画工”的生命，直到最后一刻，他还在描绘这个彩色的世界。那些灰色的花，还没来得及盛开，就无声地枯萎了。那年的雪下得格外的早，铺天盖地地席卷着大地，让仍旧苍绿的叶在雪的酷刑下窒息而死。太阳迟迟没有升起，化作了死神的胭脂。夜晚，越来越长了。打开庭院的门窗，让这不朽的灵魂在纯净的世界里安住。明年冬天，银碗里仍旧可以盛雪，但褐衣底下却不再住人。

春天还没有来，不知为何后亭花香缱绻？

此花不照人，长住在心间。春水若有意，请寻故人归。宁使菡萏凋零桥月瘦，换得翁老忆杭州！

潘天寿湖畔足迹

西子湖畔，杭州南山路景云村，二亩庭院，质朴青砖，葱青草坪，“止止室”曾谈笑有鸿儒，木书橱曾书画琳琅。“戒是无上菩提本，佛为一切智慧灯”，书房中的对联久经岁月的洗礼，却格外得岁月的青睐，在时光的长河中熠熠生辉。精品楼阁的一砖一瓦中积淀着潘天寿的自尊和自信。时光转载，潘天寿的故居现今变成了潘天寿博物馆。

潘天寿（1897—1971），字大颐，自署阿寿、寿者，浙江宁海人，现代画家、教育家。他曾任中国美术家协会副主席、浙江美术学院院长等职，第一、二、三届全国人大代表，中国文联委员；1958年被聘为苏联艺术科学院名誉院士。著有《中国绘画史》《听天阁画谈随笔》等。

1903年，潘天寿的母亲还未看到儿子成才，就因病而故，蒙上阴影的童年促成了他之后早熟、寡言、独立的性格。此外，当时列强侵略带来的民族灾难，埋下了民族自尊的情结，让他一生挥之不去。是年夏，这位仍懵懵懂懂的少年入村中私塾读书。或许这是上天给这位可怜人的恩赐，童年时代的潘天寿就喜欢写字，热心于临摹《三国演义》《水浒传》等小说插图，对艺术有着浓厚的兴趣。7年后，春风吹绿了杨柳，也让潘天寿心中艺术的萌芽愈发成长。他进入到县城正学小学读书，接受西式学校教育，书法、绘画、刻印成了他的兴趣所在。《芥子园画谱》及数本名人法帖，成为他自学中国画和书法的启蒙教材，从此立志毕生从事中国画。都说兴趣是最好的老师，对于艺术强烈的感知力，让潘天寿在1915年以优异的成绩考入了位于杭城的浙江省立第一师范学校（今杭州师范大学），这所学校是中国建立最早的六大著名师范学校之一，是浙江新文化运动的中心，享有“北有京师学堂，南有浙江一师”的美誉。在此，潘天寿受教于经亨颐、李叔同等人。“与时俱进”“适应新潮流”的办学方针对后来潘天寿气质、个性和学养等审美选择的形成产生了很大的影响，“勤慎诚恕”的

荷花图

校训和“人格教育”成就了这位志洁文人。在他第一次上李叔同的绘画课时，面对老师突然提出的很多关于西方绘画的规范，倔强的潘天寿拒绝接受，放弃了学校的专业课程。这一次的反抗，使他之后的艺术之旅变得极为坎坷。

1919年，潘天寿为同学作《紫藤白头翁》等画。同年，参加杭州“五四”爱国学生游行集会。在这一年，他与刘海粟在杭州丁家山首次相见，两人的艺术友谊从此开始。1920年春，潘天寿在即将毕业的这一学年参加浙一师进步学潮。这年夏天，他走上了教书育人的道路，在宁海县正学高小、浙江孝丰县（今安吉县）高等小学等都有过教学经历。在接下来的两年时间里，潘天寿工作之余刻苦自习绘画、书法、诗词、篆刻，《疏林寒鸦》《晚山疏钟》《紫藤明月》《雪景八哥》等画作腾空出世。

每一次的选择都会有遗憾，但每一次的遗憾都会有转机。1923年春，27岁的潘天寿与80岁的吴昌硕相遇了。此时，吴昌硕已经在杭州创立了西泠印社，并当任社长。一老一少的第一次谋面，却没有任何的代沟，此后潘天寿改“天授”为“天寿”。两人意气相投，相见恨晚，就这样，潘天寿拜吴昌硕为师，吴昌硕成了潘天寿绘画生涯上唯一的一位老师。吴昌硕的野气成了潘天寿前进道路上的灯塔，潘天寿在追逐艺术的道路上，终于不再是一个人踽踽独行。

“天惊地怪见落笔，街谈巷语总入诗。”吴昌硕对潘天寿如此高的评价惊动了画坛，但却恰如其分。吴昌硕曾说：“阿寿的画，有风骨、有见地，将来的功力再深，也不要失去自己的这份灵气。”在潘天寿接下来的绘画生涯中，他并没有辜负恩师的期望，在乱世中始终保持着自己的初心。吴昌硕在晚年成为潘天寿的忘年交，他在惊叹潘天寿的天资、气魄之余，曾担心他笔路险绝，易入危途，在赠给他的一首长诗中写道“只恐荆棘丛中行太速，一跌须防堕深谷”，吴昌硕这一担心清楚地证实着潘天寿艺术道路的履险入绝特色和他的独特气质。他的指教使年轻的潘天寿反省了自己的“行不由径”，加强了对传统的钻研，但并没有改变自己的基本选择。翌年，潘天寿任上海美专教授，着手编著《中国绘画史》。他还经常参加各种展览，观摩古今书画，结识先辈名家，着重攻写意花鸟画，又攻山水画，曾作《行乞图》《垂杨系马》《狸奴守岁》等画。

孤蒲无边，水光潋滟，荷莲迷眼，风露飘香，杭州西湖美丽的风景深深吸引了潘天寿，他自1928年开始定居杭州，任西湖艺术院教授。“有水有田兼有米，添人添口又添丁。”1930年，潘天寿与学生何愔相恋，两人从艺术的殿堂一起走进了婚姻的殿堂。是年，潘天寿作《观瀑图》《幽谷图》。

潘天寿画作

爱情的滋养激发了潘天寿的创作灵感。在接下来的几年里，潘天寿才思泉涌，作画无数。潘天寿没有拘泥于某一著名的大家，而是博采众长，集诗、书、画、印为一。他将自己的天赋和人生经历相结合，用画笔另辟蹊径。他对传统下的功力也很深，马远、夏圭的雄健，戴文进的强劲，沈石田的老辣，八大山人的奇倔，吴昌硕的朴茂，他都有所吸收与研究。他在浙江第一师范的老师李叔同（弘一法师）书赠的偈语“不学古人，法无一可，竟似古人，何处着我”，与他的强烈个性气质完全相契。进入20世纪40年代后，潘天寿“独树有门户”的艺术风格逐渐走向成熟，至50年代后期达到顶峰，“强其骨”“一味霸悍”，潘天寿从此在中国的艺术史上留下了精彩的一笔。

1962年4月，潘天寿在杭州召开的“全国高等院校文科教材会议”上提议国画专业应把诗词、书法、篆刻等列为正式课程，这对于中国艺术课程是一次非常重要的改革。这年秋天，潘天寿画展在新落成的北京中国美术馆展出，随后又到上海、杭州等地展出。冬天，他参加美院举办的素描教学讨论会，提出中国画要有自己的基础训练方法。

1966年春，“文化大革命”爆发，钻研于艺术作画无数的潘天寿被关进“牛棚”监禁达3年之久，次年初被带到嵊县参加批斗大会，1969年初被押往家乡宁海县等地游斗。游斗的日子是昏暗的。那里没有满池的荷花香，没有碧蓝的天空，没有丹青的陪伴，留有的只有无尽的唾沫与批斗，是年4月，潘天寿在重病中被押往工厂劳动。被迫脱离艺术和世俗的苍凉几乎抽空了这位艺术大师的躯壳，他由于心力衰竭引起昏迷，送医院抢救，此后即卧床不起。这时，唯一能慰藉潘天寿的只有妻子何愔的长情陪伴。白头老夫妻，相爱如少年。在潘天寿重病住院后，妻子悲痛欲绝，在丈夫病床边水泥地上铺了一张草席，权作床铺，日夜护理丈夫。

1971年9月，这年的秋天来得格外早，西湖的荷花残败凋谢，只剩下花梗，在水中骄傲着不肯倒下，像是在慰藉一场令人惋惜的死亡。9月5日早上，在阳光还没有普照大地之前，潘天寿含冤撒手尘寰，终年74岁。粉碎“四人帮”的次年，中共浙江省委宣布为潘天寿平反昭雪。

在潘天寿艺术的背后、心理的深层，那种一以贯之的恒定的东西起着重要作用。这种东西就是他的气质个性。出色的艺术家都是把独有的个性气质发挥到极致，才成就了自己的艺术。“自然”“平淡天真”融入生活的情趣，潘天寿带给我们的艺术盛宴至今仍被铭记。潘天寿说：“艺术之高下，终在境界。”一方画桌、一张画纸、一副笔墨，他一步一重天，终究还是留下了足迹。

朱自清西湖屐痕

木兰花/玉楼春

青钱贴水萍无数。临晓西湖春涨雨。泥新轻燕面前飞，风慢落花衣上住。　　红裙空引烟娥聚。云月却能随马去。明朝何处上高台，回认玉峰山下路。

——张先

春天来了，寒冷的冬季已经过去，柳树终于可以不再彷徨，抽出了新枝。绿杨快要成荫，庇护着含苞欲放的花骨朵儿。清晨的露珠沾湿了白衣少年的衣襟，晕染开来，是一幅有关往事的画卷。他抬头，未来就像这一望无际的天空，充满着无限的可能。岁月静好，现世安稳，莫过于如此了。江南河畔，留下了这位少年或浅或深的脚印，不知道多年以前，他手持青绸书卷，在中河旁吟咏的诗词歌赋，是否被河神听了去？他，“宁廉洁正直以自清乎”——朱自清是也。

朱自清（1898—1948），原名自华，号实秋，后改名自清，字佩弦，原籍浙江绍兴。现代杰出的散文家、诗人、学者、民主战士。他于1916年中学毕业并成功考入北京大学预科。1919年开始发表诗歌。1928年第一本散文集《背影》出版。1932年7月，任清华大学中国文学系主任。1934年，出版《欧游杂记》和《伦敦杂记》。1935年，出版散文集《你我》。

在朱自清14岁时，父亲将他与扬州名医武威三的独生女武钟谦订婚。当朱自清以优异成绩考上北京大学，朱家欢喜之余，同年冬天为他们完了婚。武钟谦是一位如西湖般的女子，她爱笑，“回眸一笑百媚生”，她明媚的笑颜像是一束阳光，照进了朱自清的心里。朱自清初见武钟谦时，便迷上了这位如月般皎洁的女子，逐渐成熟稳重的朱自清第一次体会到了爱情的滋味，为自己娶到这样一位贤妻而感到幸运，“欲把西湖比西子，淡妆浓抹总相宜”。武钟谦也为自己嫁得这样一个才子夫君，心里自是喜不待言，自此一心一意地侍奉夫君，曾为父母掌上明珠的她操持家务从未有过怨言，两人感情十分好。婚后第二年就生了儿子朱迈先，丈夫和孩子成了武钟谦的全世界。西子武钟谦的到来让朱自清第一次在西湖里醉了。

《湖山胜概》中的吴山景

1920年，23岁的朱自清提前修完了课程，从北京大学哲学系提前毕业。毕业后他来到了杭州第一师范（今杭州师范大学），教授国文、哲学，并任教学主任。这年春天，朱自清又一次在杭州醉了。经亨颐先生“与时俱进”“适应新潮流”的办学方针和“反对旧势力，建立新学风”的教学主张，深深吸引着这位拥有“五四精神”的进步青年。一走进杭州第一师范，一股浓厚的新思潮扑面而来，优秀校友身上散发出来的“勤慎诚恕”的鸿儒之气，更让朱自清在这里驻足，久久不舍离去。

次年，他回扬州接来了自己的发妻，从此，眼前可赏西湖美景，枕边可看西湖美人。人生就这样醉在了香风美景里，每每珍酌一小口，都是不一样的味道。春天，带上妻儿，去西湖畔踏春。“雪沫乳花浮午盏，蓼茸蒿笋试春盘”，人生最美是清欢，这段幸福的生活成了朱自清一生最难忘的记忆。

温馨的家庭氛围让朱自清能够全身心地追寻自己的文化事业。在接下来的时间里，朱自清继续参加新文学运动，成为文学研究会的早期会员，还参与发起了新文学史上第一个诗歌团体“中国新诗社”，创办了第一个诗歌杂志《诗》月刊，支持由青年学生组成的“湖畔诗社”及“晨光文学社”的活动，为开拓新诗的道路付出了辛勤的劳动。

1925年，朱自清任清华大学中文系教授。

可惜，春光韶华易逝，人生又能有几回春？1928年底，这年的冬天

孙枝《西湖纪胜图·万松书院》

格外漫长，武钟谦生下了小六儿，由于劳累，身体瘦得皮包骨头，天天发烧，她为了不影响朱自清的工作，一直坚持劳作，瞒着朱自清不让他分心。有时她明明躺着，听见朱自清的脚步声，就一骨碌从榻上坐起来，生活的艰辛让这位曾经的西子渐渐枯萎。1929年10月间，武钟谦带着孩子回了扬州。与朱自清分别前，武钟谦哭着说："还不知能不能再见？"武钟谦回到扬州仅一个月即11月26日就抛下孩子们和朱自清与世长辞了。消息传到北京，朱自清痛不欲生。春天还是来了，但是去年的花早已凋谢，再也不会开放了。朱自清一篇朴实含情的《给亡妇》化作了葬花吟，叹息这位永远停在31岁的女子："谦，日子真快，一眨眼你已经死了三个年头了。这三年里世事不知变化了多少回，但你未必注意这些个。我知道，你第一惦记的是你几个孩子，第二便轮着我。孩子和我平分你的世界，你在日如此；你死后若还有知，想来还如此的。"

3年后，朱自清已另娶他人，第二位妻子是陈竹隐。朱自清与陈竹隐因媒妁之言相识，开始了一段如荷塘清风般的爱恋，75封爱情书信、"竹隐女士"的独特称呼……陈竹隐弥补了朱自清心中失去武钟谦的伤痛。然而，无情的现实还是亵渎了这段感情。陈竹隐是一个性格活泼、爱交朋友、长期独立于社会的年轻姑娘，突然被圈在家里，成为5个孩子的母亲，烦恼、郁闷，使得陈竹隐感觉失重了，甚至想离开朱自清。婚后柴米油盐酱醋茶的生活，终究吹淡了两人之间的情愫。朱自清此时才明白，陈竹隐终究不是武钟谦，不能给自己带来精神上的慰藉。花香易使人醉，世间千万种花都妖艳多姿，却不再是原来的那朵荷花。此刻的朱自清已经失去再赏花的能力了，心底的那朵玫瑰已是最美。

沿着荷塘，是一条曲折的小煤屑路。这是一条幽僻的路；白天也少人走，夜晚更加寂寞。荷塘四面，长着许多树，蓊蓊郁郁的。路的一旁，是些杨柳，和一些不知道名字的树。没有月光的晚上，这路上阴森森的，有些怕人。今晚却很好，虽然月光也还是淡淡的。

——《荷塘月色》

月，常是暖的，而此刻在朱自清的心中，却是阴森的。大革命因蒋介石的叛变而失败，整个社会被白色恐怖笼罩着，黑压压的乌云压得这位“大时代中的一名小卒”喘不过气来。1927年，三十而立的朱自清被现实的冰冷泼醒。新旧思想夹杂的社会、革命政变随时可能发生的现实，让他不再拘泥于抒情小文的创作，而转向抨击社会现实丑恶的杂文。他在清华大学的生活，也不再有当时在西湖畔的味道了。北平的荷花在朱自清心中是单调的、灰色的。“热闹是它们的，我什么也没有。”朱自清离开了杭州，失去了悠闲自得的生活。北平，中国政治的核心，在这里今天翻手为云、明天覆手为雨，未来永远都是未知的。对于一介文人来说，握紧手中的笔杆是一件非常不容易的事。面对眼前的荷塘，朱自清大概会想起在杭州的生活吧。在那里，沿着荷塘，是一条鹅卵石镶嵌的小路，幽静而又深沉。白天，阳光倾泻而下，洒下万丈光芒，在树荫下印下点点斑斓。那里的夜晚更有一番风味。荷叶与莲子上映着一场皮影戏，知了在菡萏香里浅浅歌唱。这样的景色，看着看着，就醉了……欻的一声，北伐战争失败的电报给朱自清灌下了一剂猛烈的醒酒汤。这一次，朱自清不得不醒了。

在以后的日子里，朱自清独自一人走在民主运动的道路上。1946年10月，经过漫长曲折的道路，朱自清在反饥饿、反内战的实际斗争中身患重病，他签名于《抗议美国扶日政策并拒绝领取美援面粉宣言》，并嘱告

〔南宋〕无款：《出水芙蓉图》纨扇

家人不买配售面粉，始终保持着一个正直的爱国知识分子的气节和情操。吴晗曾说：“他明辨是非，爱憎分明，在衰病的晚年，终于有了明确的立场，抬起头来，挺起脊梁，宁肯饿死，坚决拒绝敌人的‘救济’，这种品德，这种气节，是值得我们今天学习的。”1948年8月12日，朱自清因患严重的胃病（严重的胃溃疡导致的胃穿孔），不幸逝世，这位革命民主主义战士年仅50岁。

西湖，对于朱自清来说，就像一壶醇酒，喝着喝着，就醉了。春夏秋冬失去了你，菡萏如何开得过四季？

图书在版编目（CIP）数据

名人与杭州西湖·文苑雅士篇 / 王露著 . -- 杭州 :
杭州出版社 , 2023.9
ISBN 978-7-5565-1712-1

Ⅰ . ①名… Ⅱ . ①王… Ⅲ . ①名人—生平事迹—杭州
Ⅳ . ① K820.855.1

中国版本图书馆 CIP 数据核字 (2022) 第 010008 号

Mingren Yu Hangzhou Xihu　Wenyuan Yashi Pian

名人与杭州西湖·文苑雅士篇

王露 / 著

责任编辑　夏斯斯
美术编辑　祁睿一
出版发行　杭州出版社（杭州西湖文化广场 32 号 6 楼）
电话：0571-87997719　邮编：310014
网址：www.hzcbs.com
排　　版　杭州美虹电脑设计有限公司
印　　刷　浙江国广彩印有限公司
开　　本　710 mm × 1000 mm　1/16
字　　数　196 千
印　　张　15.5
版 印 次　2023 年 9 月第 1 版　2023 年 9 月第 1 次印刷
书　　号　ISBN 978-7-5565-1712-1
定　　价　63.00 元

《杭州全书》

“存史、释义、资政、育人”
全方位、多角度地展示杭州的前世今生

- 杭州全书
  - 杭州文献集成
    - 西湖文献集成
    - 西溪文献集成
    - 运河（河道）文献集成
    - 钱塘江文献集成
    - 良渚文献集成
    - 湘湖（白马湖）文献集成
  - 杭州丛书
    - 西湖丛书
    - 西溪丛书
    - 运河（河道）丛书
    - 钱塘江丛书
    - 良渚丛书
    - 湘湖（白马湖）丛书
  - 杭州通史
    - 西湖通史
    - 西溪通史
    - 运河（河道）通史
    - 钱塘江通史
    - 良渚通史
    - 湘湖（白马湖）通史
  - 杭州辞典
    - 西湖辞典
    - 西溪辞典
    - 运河（河道）辞典
    - 钱塘江辞典
    - 良渚辞典
    - 湘湖（白马湖）辞典
  - 杭州研究报告
    - 西湖研究报告
    - 西溪研究报告
    - 运河（河道）研究报告
    - 钱塘江研究报告
    - 良渚研究报告
    - 湘湖（白马湖）研究报告

《杭州全书》已出版书目

文献集成

杭州文献集成

1.《武林掌故丛编（第 1—13 册）》（杭州出版社 2013 年出版）
2.《武林往哲遗著（第 14—22 册）》（杭州出版社 2013 年出版）
3.《武林坊巷志（第 23—30 册）》（浙江人民出版社 2015 年出版）
4.《吴越史著丛编（第 31—32 册）》（浙江古籍出版社 2017 年出版）
5.《杭郡诗辑（续辑、三辑）》（第 33—40 册）（浙江古籍出版社 2021 年出版）
6.《咸淳临安志（第 41—42 册）》（浙江古籍出版社 2017 年出版）

西湖文献集成

1.《正史及全国地理志等中的西湖史料专辑》（杭州出版社 2004 年出版）
2.《宋代史志西湖文献专辑》（杭州出版社 2004 年出版）
3.《明代史志西湖文献专辑》（杭州出版社 2004 年出版）
4.《清代史志西湖文献专辑一》（杭州出版社 2004 年出版）
5.《清代史志西湖文献专辑二》（杭州出版社 2004 年出版）
6.《清代史志西湖文献专辑三》（杭州出版社 2004 年出版）
7.《清代史志西湖文献专辑四》（杭州出版社 2004 年出版）
8.《清代史志西湖文献专辑五》（杭州出版社 2004 年出版）
9.《清代史志西湖文献专辑六》（杭州出版社 2004 年出版）
10.《民国史志西湖文献专辑一》（杭州出版社 2004 年出版）
11.《民国史志西湖文献专辑二》（杭州出版社 2004 年出版）
12.《中华人民共和国成立 50 年以来西湖重要文献专辑》（杭州出版社 2004 年出版）
13.《历代西湖文选专辑》（杭州出版社 2004 年出版）

14.《历代西湖文选散文专辑》（杭州出版社 2004 年出版）
15.《雷峰塔专辑》（杭州出版社 2004 年出版）
16.《西湖博览会专辑一》（杭州出版社 2004 年出版）
17.《西湖博览会专辑二》（杭州出版社 2004 年出版）
18.《西溪专辑》（杭州出版社 2004 年出版）
19.《西湖风俗专辑》（杭州出版社 2004 年出版）
20.《书院·文澜阁·西泠印社专辑》（杭州出版社 2004 年出版）
21.《西湖山水志专辑》（杭州出版社 2004 年出版）
22.《西湖寺观志专辑一》（杭州出版社 2004 年出版）
23.《西湖寺观志专辑二》（杭州出版社 2004 年出版）
24.《西湖寺观志专辑三》（杭州出版社 2004 年出版）
25.《西湖祠庙志专辑》（杭州出版社 2004 年出版）
26.《西湖诗词曲赋楹联专辑一》（杭州出版社 2004 年出版）
27.《西湖诗词曲赋楹联专辑二》（杭州出版社 2004 年出版）
28.《西湖小说专辑一》（杭州出版社 2004 年出版）
29.《西湖小说专辑二》（杭州出版社 2004 年出版）
30.《海外西湖史料专辑》（杭州出版社 2004 年出版）
31.《清代西湖史料》（杭州出版社 2013 年出版）
32.《民国西湖史料一》（杭州出版社 2013 年出版）
33.《民国西湖史料二》（杭州出版社 2013 年出版）
34.《西湖寺观史料一》（杭州出版社 2013 年出版）
35.《西湖寺观史料二》（杭州出版社 2013 年出版）
36.《西湖博览会史料一》（杭州出版社 2013 年出版）
37.《西湖博览会史料二》（杭州出版社 2013 年出版）
38.《西湖博览会史料三》（杭州出版社 2013 年出版）
39.《西湖博览会史料四》（杭州出版社 2013 年出版）
40.《西湖博览会史料五》（杭州出版社 2013 年出版）
41.《明清西湖史料》（杭州出版社 2015 年出版）
42.《民国西湖史料（一）》（杭州出版社 2015 年出版）
43.《民国西湖史料（二）》（杭州出版社 2015 年出版）
44.《西湖书院史料（一）》（杭州出版社 2016 年出版）
45.《西湖书院史料（二）》（杭州出版社 2016 年出版）
46.《西湖戏曲史料》（杭州出版社 2016 年出版）
47.《西湖诗词史料》（杭州出版社 2016 年出版）
48.《西湖小说史料（一）》（杭州出版社 2016 年出版）
49.《西湖小说史料（二）》（杭州出版社 2016 年出版）
50.《西湖小说史料（三）》（杭州出版社 2016 年出版）

西溪文献集成

1.《西溪地理史料》（杭州出版社 2016 年出版）
2.《西溪洪氏、沈氏家族史料》（杭州出版社 2015 年出版）
3.《西溪丁氏家族史料》（杭州出版社 2015 年出版）
4.《西溪两浙词人祠堂·蕉园诗社史料》（杭州出版社 2016 年出版）
5.《西溪蒋氏家族、其他人物史料》（杭州出版社 2017 年出版）
6.《西溪诗词》（杭州出版社 2017 年出版）
7.《西溪文选》（杭州出版社 2016 年出版）
8.《西溪文物图录·书画金石》（杭州出版社 2016 年出版）
9.《西溪宗教史料》（杭州出版社 2016 年出版）

运河（河道）文献集成

1.《杭州运河（河道）文献集成（第 1 册）》（浙江古籍出版社 2018 年出版）
2.《杭州运河（河道）文献集成（第 2 册）》（浙江古籍出版社 2018 年出版）
3.《杭州运河（河道）文献集成（第 3 册）》（浙江古籍出版社 2018 年出版）
4.《杭州运河（河道）文献集成（第 4 册）》（浙江古籍出版社 2018 年出版）

钱塘江文献集成

1.《钱塘江海塘史料（一）》（杭州出版社 2014 年出版）
2.《钱塘江海塘史料（二）》（杭州出版社 2014 年出版）
3.《钱塘江海塘史料（三）》（杭州出版社 2014 年出版）
4.《钱塘江海塘史料（四）》（杭州出版社 2014 年出版）
5.《钱塘江海塘史料（五）》（杭州出版社 2014 年出版）
6.《钱塘江海塘史料（六）》（杭州出版社 2014 年出版）
7.《钱塘江海塘史料（七）》（杭州出版社 2014 年出版）
8.《钱塘江潮史料》（杭州出版社 2016 年出版）
9.《钱塘江大桥史料（一）》（杭州出版社 2015 年出版）
10.《钱塘江大桥史料（二）》（杭州出版社 2015 年出版）
11.《钱塘江大桥史料（三）》（杭州出版社 2017 年出版）
12.《海宁专辑（一）》（杭州出版社 2015 年出版）
13.《海宁专辑（二）》（杭州出版社 2015 年出版）
14.《钱塘江史书史料（一）》（杭州出版社 2016 年出版）

15.《城区专辑》（杭州出版社 2016 年出版）
16.《之江大学专辑》（杭州出版社 2016 年出版）
17.《钱塘江小说史料》（杭州出版社 2016 年出版）
18.《钱塘江诗词史料》（杭州出版社 2016 年出版）
19.《富春江、萧山专辑》（杭州出版社 2017 年出版）
20.《钱塘江文论史料（一）》（杭州出版社 2018 年出版）
21.《钱塘江文论史料（二）》（杭州出版社 2017 年出版）
22.《钱塘江文论史料（三）》（杭州出版社 2017 年出版）
23.《钱塘江文论史料（四）》（杭州出版社 2017 年出版）
24.《钱塘江渔业史料》（杭州出版社 2017 年出版）
25.《钱塘江笔记史料》（杭州出版社 2018 年出版）
26.《钱塘江史书史料（二）》（杭州出版社 2019 年出版）
27.《钱塘江明清实录史料》（杭州出版社 2019 年出版）
28.《钱塘江省府志史料》（杭州出版社 2019 年出版）
29.《钱塘江县志史料》（杭州出版社 2019 年出版）
30.《钱塘江绘画图录（山水卷）》（杭州出版社 2022 年出版）
31.《钱塘江绘画图录（版画卷）》（杭州出版社 2022 年出版）

余杭文献集成

《余杭历代人物碑传集（上下）》（浙江古籍出版社 2019 年出版）

湘湖（白马湖）文献集成

1.《湘湖水利文献专辑（上下）》（杭州出版社 2013 年出版）
2.《民国时期湘湖建设文献专辑》（杭州出版社 2014 年出版）
3.《历代史志湘湖文献专辑》（杭州出版社 2015 年出版）
4.《湘湖文学文献专辑》（杭州出版社 2019 年出版）
5.《湘湖师范期刊文献专辑（一）》（杭州出版社 2021 年出版）

丛　书

杭州丛书

1.《钱塘楹联集锦》（杭州出版社 2013 年出版）
2.《艮山门外话桑麻（上下）》（杭州出版社 2013 年出版）

3.《钱塘拾遗（上下）》（杭州出版社 2014 年出版）
4.《说杭州（上下）》（浙江古籍出版社 2016 年出版）
5.《钱塘自古繁华——杭州城市词赏析》（浙江古籍出版社 2017 年出版）
6.《湖上笠翁——李渔与杭州饮食文化》（浙江古籍出版社 2018 年出版）
7.《行走杭州山水间》（杭州出版社 2021 年出版）

西湖丛书

1.《西溪》（杭州出版社 2004 年出版）
2.《灵隐寺》（杭州出版社 2004 年出版）
3.《北山街》（杭州出版社 2004 年出版）
4.《西湖风俗》（杭州出版社 2004 年出版）
5.《于谦祠墓》（杭州出版社 2004 年出版）
6.《西湖美景》（杭州出版社 2004 年出版）
7.《西湖博览会》（杭州出版社 2004 年出版）
8.《西湖风情画》（杭州出版社 2004 年出版）
9.《西湖龙井茶》（杭州出版社 2004 年出版）
10.《白居易与西湖》（杭州出版社 2004 年出版）
11.《苏东坡与西湖》（杭州出版社 2004 年出版）
12.《林和靖与西湖》（杭州出版社 2004 年出版）
13.《毛泽东与西湖》（杭州出版社 2004 年出版）
14.《文澜阁与四库全书》（杭州出版社 2004 年出版）
15.《岳飞墓庙》（杭州出版社 2005 年出版）
16.《西湖别墅》（杭州出版社 2005 年出版）
17.《楼外楼》（杭州出版社 2005 年出版）
18.《西泠印社》（杭州出版社 2005 年出版）
19.《西湖楹联》（杭州出版社 2005 年出版）
20.《西湖诗词》（杭州出版社 2005 年出版）
21.《西湖织锦》（杭州出版社 2005 年出版）
22.《西湖老照片》（杭州出版社 2005 年出版）
23.《西湖八十景》（杭州出版社 2005 年出版）
24.《钱镠与西湖》（杭州出版社 2005 年出版）
25.《西湖名人墓葬》（杭州出版社 2005 年出版）
26.《康熙、乾隆两帝与西湖》（杭州出版社 2005 年出版）
27.《西湖造像》（杭州出版社 2006 年出版）
28.《西湖史话》（杭州出版社 2006 年出版）

29.《西湖戏曲》（杭州出版社 2006 年出版）
30.《西湖地名》（杭州出版社 2006 年出版）
31.《胡庆余堂》（杭州出版社 2006 年出版）
32.《西湖之谜》（杭州出版社 2006 年出版）
33.《西湖传说》（杭州出版社 2006 年出版）
34.《西湖游船》（杭州出版社 2006 年出版）
35.《洪昇与西湖》（杭州出版社 2006 年出版）
36.《高僧与西湖》（杭州出版社 2006 年出版）
37.《周恩来与西湖》（杭州出版社 2006 年出版）
38.《西湖老明信片》（杭州出版社 2006 年出版）
39.《西湖匾额》（杭州出版社 2007 年出版）
40.《西湖小品》（杭州出版社 2007 年出版）
41.《西湖游艺》（杭州出版社 2007 年出版）
42.《西湖亭阁》（杭州出版社 2007 年出版）
43.《西湖花卉》（杭州出版社 2007 年出版）
44.《司徒雷登与西湖》（杭州出版社 2007 年出版）
45.《吴山》（杭州出版社 2008 年出版）
46.《湖滨》（杭州出版社 2008 年出版）
47.《六和塔》（杭州出版社 2008 年出版）
48.《西湖绘画》（杭州出版社 2008 年出版）
49.《西湖名人》（杭州出版社 2008 年出版）
50.《纸币西湖》（杭州出版社 2008 年出版）
51.《西湖书法》（杭州出版社 2008 年出版）
52.《万松书缘》（杭州出版社 2008 年出版）
53.《西湖之堤》（杭州出版社 2008 年出版）
54.《巴金与西湖》（杭州出版社 2008 年出版）
55.《西湖名碑》（杭州出版社 2013 年出版）
56.《西湖孤山》（杭州出版社 2013 年出版）
57.《西湖茶文化》（杭州出版社 2013 年出版）
58.《宋画与西湖》（杭州出版社 2013 年出版）
59.《西湖文献撷英》（杭州出版社 2013 年出版）
60.《章太炎与西湖》（杭州出版社 2013 年出版）
61.《品味西湖三十景》（杭州出版社 2013 年出版）
62.《西湖赏石》（杭州出版社 2014 年出版）
63.《西湖一勺水——杭州西湖水井地图考略》
（浙江人民美术出版社 2019 年出版）

64.《行走西湖山水间》（杭州出版社 2019 年出版）
65.《西湖摩崖萃珍一百品》（杭州出版社 2019 年出版）
66.《诗缘西子湖》（杭州出版社 2020 年出版）
67.《西湖古版画》（杭州出版社 2020 年出版）
68.《日本人眼中的西湖》（杭州出版社 2021 年出版）
69.《西方人眼中的西湖》（杭州出版社 2021 年出版）

西溪丛书

1.《西溪寻踪》（杭州出版社 2007 年出版）
2.《西溪的传说》（杭州出版社 2007 年出版）
3.《西溪的动物》（杭州出版社 2007 年出版）
4.《西溪的植物》（杭州出版社 2007 年出版）
5.《西溪沿山十八坞》（杭州出版社 2007 年出版）
6.《西溪历代诗文选》（杭州出版社 2007 年出版）
7.《西溪书法楹联集》（杭州出版社 2007 年出版）
8.《西溪历史文化探述》（杭州出版社 2007 年出版）
9.《西溪胜景历史遗迹》（杭州出版社 2007 年出版）
10.《西溪的水》（杭州出版社 2012 年出版）
11.《西溪的桥》（杭州出版社 2012 年出版）
12.《西溪游记》（杭州出版社 2012 年出版）
13.《西溪丛语》（杭州出版社 2012 年出版）
14.《西溪画寻》（杭州出版社 2012 年出版）
15.《西溪民俗》（杭州出版社 2012 年出版）
16.《西溪雅士》（杭州出版社 2012 年出版）
17.《西溪望族》（杭州出版社 2012 年出版）
18.《西溪的物产》（杭州出版社 2012 年出版）
19.《西溪与越剧》（杭州出版社 2012 年出版）
20.《西溪医药文化》（杭州出版社 2012 年出版）
21.《西溪民间风情》（杭州出版社 2012 年出版）
22.《西溪民间故事》（杭州出版社 2012 年出版）
23.《西溪民间工艺》（杭州出版社 2012 年出版）
24.《西溪古镇古村落》（杭州出版社 2012 年出版）
25.《西溪的历史建筑》（杭州出版社 2012 年出版）
26.《西溪的宗教文化》（杭州出版社 2012 年出版）
27.《西溪与蕉园诗社》（杭州出版社 2012 年出版）

28.《西溪集古楹联匾额》（杭州出版社 2012 年出版）
29.《西溪蒋坦与〈秋灯琐忆〉》（杭州出版社 2012 年出版）
30.《西溪名人》（杭州出版社 2013 年出版）
31.《西溪隐红》（杭州出版社 2013 年出版）
32.《西溪留下》（杭州出版社 2013 年出版）
33.《西溪山坞》（杭州出版社 2013 年出版）
34.《西溪揽胜》（杭州出版社 2013 年出版）
35.《西溪与水浒》（杭州出版社 2013 年出版）
36.《西溪诗词选注》（杭州出版社 2013 年出版）
37.《西溪地名揽萃》（杭州出版社 2013 年出版）
38.《西溪的龙舟胜会》（杭州出版社 2013 年出版）
39.《西溪民间语言趣谈》（杭州出版社 2013 年出版）
40.《西溪新吟》（浙江人民出版社 2016 年出版）
41.《西溪商贸》（浙江人民出版社 2016 年出版）
42.《西溪原住民记影》（浙江人民出版社 2016 年出版）
43.《西溪创意产业园》（浙江人民出版社 2016 年出版）
44.《西溪渔文化》（浙江人民出版社 2016 年出版）
45.《西溪旧影》（浙江人民出版社 2016 年出版）
46.《西溪洪氏》（浙江人民出版社 2016 年出版）
47.《西溪的美食文化》（浙江人民出版社 2016 年出版）
48.《西溪节日文化》（浙江人民出版社 2016 年出版）
49.《千年古刹——永兴寺》（浙江人民出版社 2017 年出版）
50.《自画西溪旧事》（杭州出版社 2018 年出版）
51.《西溪民间武术》（杭州出版社 2018 年出版）
52.《西溪心影》（杭州出版社 2018 年出版）
53.《西溪教育偶拾》（浙江人民出版社 2019 年出版）
54.《西溪湿地原住民口述史》（杭州出版社 2019 年出版）
55.《西溪花语》（杭州出版社 2019 年出版）
56.《廿四节气里的西溪韵味》（杭州出版社 2019 年出版）
57.《名人与西溪 · 漫游篇》（浙江人民出版社 2019 年出版）
58.《名人与西溪 · 世家篇》（浙江人民出版社 2019 年出版）
59.《名人与西溪 · 梵隐篇》（浙江人民出版社 2019 年出版）
60.《名人与西溪 · 乡贤篇》（浙江人民出版社 2019 年出版）
61.《名人与西溪 · 文苑篇》（浙江人民出版社 2019 年出版）
62.《西溪梅文化》（杭州出版社 2019 年出版）
63.《西溪食经》（浙江科学技术出版社 2020 年出版）

64.《西溪青少年研学读本：民间故事》（杭州出版社 2021 年出版）
65.《西溪青少年研学读本：动物植物》（杭州出版社 2021 年出版）
66.《西溪青少年研学读本：民俗文化》（杭州出版社 2021 年出版）
67.《西溪青少年研学读本：人文景观》（杭州出版社 2021 年出版）
68.《西溪青少年研学读本：诗词散文》（杭州出版社 2021 年出版）
69.《西溪青少年研学读本：研学百科》（杭州出版社 2021 年出版）

运河（河道）丛书

1.《杭州运河风俗》（杭州出版社 2006 年出版）
2.《杭州运河遗韵》（杭州出版社 2006 年出版）
3.《杭州运河文献（上下）》（杭州出版社 2006 年出版）
4.《京杭大运河图说》（杭州出版社 2006 年出版）
5.《杭州运河历史研究》（杭州出版社 2006 年出版）
6.《杭州运河桥船码头》（杭州出版社 2006 年出版）
7.《杭州运河古诗词选评》（杭州出版社 2006 年出版）
8.《走近大运河·散文诗歌卷》（杭州出版社 2006 年出版）
9.《走近大运河·游记文学卷》（杭州出版社 2006 年出版）
10.《走近大运河·纪实文学卷》（杭州出版社 2006 年出版）
11.《走近大运河·传说故事卷》（杭州出版社 2006 年出版）
12.《走近大运河·美术摄影书法采风作品集》（杭州出版社 2006 年出版）
13.《杭州运河治理》（杭州出版社 2013 年出版）
14.《杭州运河新貌》（杭州出版社 2013 年出版）
15.《杭州运河歌谣》（杭州出版社 2013 年出版）
16.《杭州运河戏曲》（杭州出版社 2013 年出版）
17.《杭州运河集市》（杭州出版社 2013 年出版）
18.《杭州运河桥梁》（杭州出版社 2013 年出版）
19.《穿越千年的通途》（杭州出版社 2013 年出版）
20.《穿花泄月绕城来》（杭州出版社 2013 年出版）
21.《烟柳运河一脉清》（杭州出版社 2013 年出版）
22.《口述杭州河道历史》（杭州出版社 2013 年出版）
23.《杭州运河历史建筑》（杭州出版社 2013 年出版）
24.《杭州河道历史建筑》（杭州出版社 2013 年出版）
25.《外国人眼中的大运河》（杭州出版社 2013 年出版）
26.《杭州河道诗词楹联选粹》（杭州出版社 2013 年出版）

27.《杭州运河非物质文化遗产》（杭州出版社 2013 年出版）
28.《杭州运河宗教文化掠影》（杭州出版社 2013 年出版）
29.《杭州运河土特产》（杭州出版社 2013 年出版）
30.《杭州运河史话》（杭州出版社 2013 年出版）
31.《杭州运河旅游》（杭州出版社 2013 年出版）
32.《杭州河道文明探寻》（杭州出版社 2013 年出版）
33.《杭州运河名人》（杭州出版社 2014 年出版）
34.《中东河新传》（杭州出版社 2015 年出版）
35.《杭州运河船》（杭州出版社 2015 年出版）
36.《杭州运河名胜》（杭州出版社 2015 年出版）
37.《杭州河道社区》（杭州出版社 2015 年出版）
38.《运河边的租界——拱宸桥》（杭州出版社 2015 年出版）
39.《运河文化名镇塘栖》（杭州出版社 2015 年出版）
40.《杭州运河旧影》（杭州出版社 2017 年出版）
41.《运河上的杭州》（浙江人民美术出版社 2017 年出版）
42.《西湖绸伞寻踪》（浙江人民美术出版社 2017 年出版）
43.《杭州运河文化之旅》（浙江人民美术出版社 2017 年出版）
44.《亲历杭州河道治理》（浙江古籍出版社 2018 年出版）
45.《杭州河道故事与传说》（浙江古籍出版社 2018 年出版）
46.《杭州运河老厂》（杭州出版社 2018 年出版）
47.《运河村落的蚕丝情结》（杭州出版社 2018 年出版）
48.《运河文物故事》（杭州出版社 2019 年出版）
49.《杭州河道名称历史由来》（浙江古籍出版社 2019 年出版）
50.《杭州古代河道治理》（杭州出版社 2019 年出版）
51.《杭州运河老字号丛书·百年汇昌》（杭州出版社 2021 年出版）
52.《杭州运河老字号丛书·方回春堂》（杭州出版社 2021 年出版）
53.《杭州运河老字号丛书·胡庆余堂》（杭州出版社 2021 年出版）
54.《杭州运河老字号丛书·王星记》（杭州出版社 2021 年出版）
55.《杭州运河老字号丛书·奎元馆》（杭州出版社 2021 年出版）
56.《杭州运河老字号丛书·都锦生》（杭州出版社 2021 年出版）
57.《杭州运河老字号丛书·西泠印社》（杭州出版社 2021 年出版）
58.《杭州运河老字号丛书·孔凤春》（杭州出版社 2021 年出版）
59.《杭州运河老字号丛书·张小泉》（杭州出版社 2021 年出版）
60.《杭州运河老字号丛书·知味观》（杭州出版社 2021 年出版）
61.《杭州运河老字号丛书·前世与今生》（杭州出版社 2021 年出版）

62.《杭州运河老字号丛书·传承与发展》（杭州出版社 2021 年出版）
63.《名人与杭州河道·文苑篇》（杭州出版社 2021 年出版）
64.《名人与杭州河道·名宦篇》（杭州出版社 2021 年出版）
65.《名人与杭州河道·侨寓篇》（杭州出版社 2021 年出版）
66.《名人与杭州河道·乡贤篇》（杭州出版社 2021 年出版）
67.《江南食事》（杭州出版社 2022 年出版）

钱塘江丛书

1.《钱塘江传说》（杭州出版社 2013 年出版）
2.《钱塘江名人》（杭州出版社 2013 年出版）
3.《钱塘江金融文化》（杭州出版社 2013 年出版）
4.《钱塘江医药文化》（杭州出版社 2013 年出版）
5.《钱塘江历史建筑》（杭州出版社 2013 年出版）
6.《钱塘江古镇梅城》（杭州出版社 2013 年出版）
7.《茅以升和钱塘江大桥》（杭州出版社 2013 年出版）
8.《古邑分水》（杭州出版社 2013 年出版）
9.《孙权故里》（杭州出版社 2013 年出版）
10.《钱塘江风光》（杭州出版社 2013 年出版）
11.《钱塘江戏曲》（杭州出版社 2013 年出版）
12.《钱塘江风俗》（杭州出版社 2013 年出版）
13.《淳安千岛湖》（杭州出版社 2013 年出版）
14.《钱塘江航运》（杭州出版社 2013 年出版）
15.《钱塘江旧影》（杭州出版社 2013 年出版）
16.《钱塘江水电站》（杭州出版社 2013 年出版）
17.《钱塘江水上运动》（杭州出版社 2013 年出版）
18.《钱塘江民间工艺美术》（杭州出版社 2013 年出版）
19.《黄公望与〈富春山居图〉》（杭州出版社 2013 年出版）
20.《钱江梵影》（杭州出版社 2014 年出版）
21.《严光与严子陵钓台》（杭州出版社 2014 年出版）
22.《钱塘江史话》（杭州出版社 2014 年出版）
23.《桐君山》（杭州出版社 2014 年出版）
24.《钱塘江藏书与刻书文化》（杭州出版社 2014 年出版）
25.《外国人眼中的钱塘江》（杭州出版社 2014 年出版）
26.《钱塘江绘画》（杭州出版社 2014 年出版）
27.《钱塘江饮食》（杭州出版社 2014 年出版）

28.《钱塘江游记》（杭州出版社 2014 年出版）
29.《钱塘江茶史》（杭州出版社 2015 年出版）
30.《钱江潮与弄潮儿》（杭州出版社 2015 年出版）
31.《之江大学史》（杭州出版社 2015 年出版）
32.《钱塘江方言》（杭州出版社 2015 年出版）
33.《钱塘江船舶》（杭州出版社 2017 年出版）
34.《城·水·光·影——杭州钱江新城亮灯工程》（杭州出版社 2018 年出版）
35.《名人与钱塘江·贤宦篇》（杭州出版社 2020 年出版）
36.《名人与钱塘江·文苑篇》（杭州出版社 2020 年出版）
37.《名人与钱塘江·贤达篇》（杭州出版社 2020 年出版）
38.《名人与钱塘江·乡贤篇》（杭州出版社 2020 年出版）
39.《名人与钱塘江·梵隐篇》（杭州出版社 2020 年出版）

良渚丛书

1.《神巫的世界》（杭州出版社 2013 年出版）
2.《纹饰的秘密》（杭州出版社 2013 年出版）
3.《玉器的故事》（杭州出版社 2013 年出版）
4.《从村居到王城》（杭州出版社 2013 年出版）
5.《良渚人的衣食》（杭州出版社 2013 年出版）
6.《良渚文明的圣地》（杭州出版社 2013 年出版）
7.《神人兽面的真像》（杭州出版社 2013 年出版）
8.《良渚文化发现人施昕更》（杭州出版社 2013 年出版）
9.《良渚文化的古环境》（杭州出版社 2014 年出版）
10.《良渚文化的水井》（浙江古籍出版社 2015 年出版）
11.《建构神圣——良渚文化的玉器、图像与信仰》（浙江古籍出版社 2021 年出版）

余杭丛书

1.《品味塘栖》（浙江古籍出版社 2015 年出版）
2.《吃在塘栖》（浙江古籍出版社 2016 年出版）
3.《塘栖蜜饯》（浙江古籍出版社 2017 年出版）
4.《村落拾遗》（浙江古籍出版社 2017 年出版）
5.《余杭老古话》（浙江古籍出版社 2018 年出版）

6.《传说塘栖》（浙江古籍出版社 2019 年出版）
7.《余杭奇人陈元赟》（浙江古籍出版社 2019 年出版）
8.《章太炎讲国学》（上海人民出版社 2019 年出版）
9.《章太炎家书》（上海人民出版社 2019 年出版）
10.《余杭老古话续编》（浙江古籍出版社 2021 年出版）
11.《余杭山水形胜》（浙江古籍出版社 2021 年出版）

湘湖（白马湖）丛书

1.《湘湖史话》（杭州出版社 2013 年出版）
2.《湘湖传说》（杭州出版社 2013 年出版）
3.《东方文化园》（杭州出版社 2013 年出版）
4.《任伯年评传》（杭州出版社 2013 年出版）
5.《湘湖风俗》（杭州出版社 2013 年出版）
6.《一代名幕汪辉祖》（杭州出版社 2014 年出版）
7.《湘湖诗韵》（浙江古籍出版社 2014 年出版）
8.《白马湖诗词》（西泠印社出版社 2014 年出版）
9.《白马湖传说》（西泠印社出版社 2014 年出版）
10.《画韵湘湖》（浙江摄影出版社 2015 年出版）
11.《湘湖人物》（浙江古籍出版社 2015 年出版）
12.《白马湖俗语》（西泠印社出版社 2015 年出版）
13.《湘湖楹联》（杭州出版社 2016 年出版）
14.《湘湖诗词（上下）》（杭州出版社 2016 年出版）
15.《湘湖物产》（浙江古籍出版社 2016 年出版）
16.《湘湖故事新编》（浙江人民出版社 2016 年出版）
17.《白马湖风物》（西泠印社出版社 2016 年出版）
18.《湘湖记忆》（杭州出版社 2016 年出版）
19.《湘湖民间文化遗存》（西泠印社出版社 2016 年出版）
20.《汪辉祖家训》（杭州出版社 2017 年出版）
21.《诗狂贺知章》（浙江人民出版社 2017 年出版）
22.《西兴史迹寻踪》（西泠印社出版社 2017 年出版）
23.《来氏与九厅十三堂》（西泠印社出版社 2017 年出版）
24.《白马湖楹联碑记》（西泠印社出版社 2017 年出版）
25.《湘湖新咏》（西泠印社出版社 2017 年出版）
26.《湘湖之谜》（浙江人民出版社 2017 年出版）
27.《长河史迹寻踪》（西泠印社出版社 2017 年出版）

28.《湘湖宗谱与宗祠》（杭州出版社 2018 年出版）
29.《毛奇龄与湘湖》（浙江人民出版社 2018 年出版）
30.《湘湖图说》（浙江人民出版社 2018 年出版）
31.《萧山官河两岸乡贤书画逸闻》（西泠印社出版社 2019 年出版）
32.《民国湘湖轶事》（浙江人民出版社 2020 年出版）
33.《清代湘湖轶事》（浙江人民出版社 2020 年出版）
34.《寻味萧山》（杭州出版社 2020 年出版）
35.《名人与湘湖（白马湖）·鸿儒大家篇》（杭州出版社 2020 年出版）
36.《名人与湘湖（白马湖）·文苑雅士篇》（杭州出版社 2020 年出版）
37.《名人与湘湖（白马湖）·贤达名流篇》（杭州出版社 2020 年出版）
38.《名人与湘湖（白马湖）·乡贤名绅篇》（杭州出版社 2020 年出版）
39.《名人与湘湖（白马湖）·御迹臣事篇》（杭州出版社 2020 年出版）
40.《湘湖百桥》（浙江摄影出版社 2021 年出版）

研究报告

杭州研究报告

1.《金砖四城——杭州都市经济圈解析》（杭州出版社 2013 年出版）
2.《民间文化杭州论稿》（杭州出版社 2013 年出版）
3.《杭州方言与宋室南迁》（杭州出版社 2013 年出版）
4.《一座城市的味觉遗香——杭州饮食文化遗产研究》（浙江古籍出版社 2018 年出版）

西湖研究报告

《西湖景观题名文化研究》（杭州出版社 2016 年出版）

西溪研究报告

1.《西溪研究报告（一）》（杭州出版社 2016 年出版）
2.《西溪研究报告（二）》（杭州出版社 2017 年出版）
3.《湿地保护与利用的“西溪模式”——城市管理者培训特色教材·西溪篇》（杭州出版社 2017 年出版）
4.《西溪专题史研究》（杭州出版社 2018 年出版）

5.《西溪历史文化景观研究》（杭州出版社 2019 年出版）
6.《旅游符号学视阈中的景观保护与利用研究——以杭州西溪湿地为例》（杭州出版社 2020 年出版）
7.《杭州西溪湿地审美意象实证研究》（杭州出版社 2021 年出版）

运河（河道）研究报告

1.《杭州河道研究报告（一）》（浙江古籍出版社 2015 年出版）
2.《中国大运河保护与利用的杭州模式——城市管理者培训特色教材·运河篇》（杭州出版社 2018 年出版）
3.《杭州河道有机更新实践创新与经验启示——城市管理者培训特色教材·河道篇》（杭州出版社 2019 年出版）
4.《杭州运河（河道）专题史研究（上下）》（杭州出版社 2019 年出版）

钱塘江研究报告

1.《钱塘江研究报告（一）》（杭州出版社 2013 年出版）
2.《潮涌新城：杭州钱江新城建设历程、经验与启示——城市管理者教材》（杭州出版社 2019 年出版）

良渚研究报告

《良渚古城墙铺垫石研究报告》（浙江古籍出版社 2018 年出版）

余杭研究报告

1.《慧焰薪传——径山禅茶文化研究》（杭州出版社 2014 年出版）
2.《沈括研究》（浙江古籍出版社 2016 年出版）

湘湖（白马湖）研究报告

1.《九个世纪的嬗变——中国·杭州湘湖开筑 900 周年学术论坛文集》（浙江古籍出版社 2014 年出版）
2.《湘湖保护与开发研究报告（一）》（杭州出版社 2015 年出版）
3.《湘湖文化保护与旅游开发研讨会论文集》（浙江古籍出版社 2015 年出版）

4.《湘湖战略定位与保护发展对策研究》（浙江古籍出版社 2016 年出版）
5.《湘湖金融历史文化研究文集》（浙江人民出版社 2016 年出版）
6.《湘湖综合保护与开发：经验・历程・启示——城市管理者培训特色教材・湘湖篇》（杭州出版社 2018 年出版）
7.《杨时与湘湖研究文集》（浙江人民出版社 2018 年出版）
8.《湘湖研究论文专辑》（杭州出版社 2018 年出版）
9.《湘湖历史文化调查报告（上下）》（杭州出版社 2018 年出版）
10.《湘湖（白马湖）专题史（上下）》（浙江人民出版社 2019 年出版）
11.《湘湖研究论丛——陈志根湘湖研究论文选》（浙江人民出版社 2019 年出版）

南宋史研究丛书

1.《南宋史研究论丛（上下）》（杭州出版社 2008 年出版）
2.《朱熹研究》（人民出版社 2008 年出版）
3.《叶适研究》（人民出版社 2008 年出版）
4.《陆游研究》（人民出版社 2008 年出版）
5.《马扩研究》（人民出版社 2008 年出版）
6.《岳飞研究》（人民出版社 2008 年出版）
7.《秦桧研究》（人民出版社 2008 年出版）
8.《宋理宗研究》（人民出版社 2008 年出版）
9.《文天祥研究》（人民出版社 2008 年出版）
10.《辛弃疾研究》（人民出版社 2008 年出版）
11.《陆九渊研究》（人民出版社 2008 年出版）
12.《南宋官窑》（杭州出版社 2008 年出版）
13.《南宋临安城考古》（杭州出版社 2008 年出版）
14.《南宋临安典籍文化》（杭州出版社 2008 年出版）
15.《南宋都城临安》（杭州出版社 2008 年出版）
16.《南宋史学史》（人民出版社 2008 年出版）
17.《南宋宗教史》（人民出版社 2008 年出版）
18.《南宋政治史》（人民出版社 2008 年出版）
19.《南宋人口史》（上海古籍出版社 2008 年出版）
20.《南宋交通史》（上海古籍出版社 2008 年出版）
21.《南宋教育史》（上海古籍出版社 2008 年出版）
22.《南宋思想史》（上海古籍出版社 2008 年出版）
23.《南宋军事史》（上海古籍出版社 2008 年出版）

24.《南宋手工业史》（上海古籍出版社 2008 年出版）
25.《南宋绘画史》（上海古籍出版社 2008 年出版）
26.《南宋书法史》（上海古籍出版社 2008 年出版）
27.《南宋戏曲史》（上海古籍出版社 2008 年出版）
28.《南宋临安大事记》（杭州出版社 2008 年出版）
29.《南宋临安对外交流》（杭州出版社 2008 年出版）
30.《南宋文学史》（人民出版社 2009 年出版）
31.《南宋科技史》（人民出版社 2009 年出版）
32.《南宋城镇史》（人民出版社 2009 年出版）
33.《南宋科举制度史》（人民出版社 2009 年出版）
34.《南宋临安工商业》（人民出版社 2009 年出版）
35.《南宋农业史》（人民出版社 2010 年出版）
36.《南宋临安文化》（杭州出版社 2010 年出版）
37.《南宋临安宗教》（杭州出版社 2010 年出版）
38.《南宋名人与临安》（杭州出版社 2010 年出版）
39.《南宋法制史》（人民出版社 2011 年出版）
40.《南宋临安社会生活》（杭州出版社 2011 年出版）
41.《宋画中的南宋建筑》（西泠印社出版社 2011 年出版）
42.《南宋舒州公牍佚简整理与研究》（上海古籍出版社 2011 年出版）
43.《南宋全史（一）》（上海古籍出版社 2011 年出版）
44.《南宋全史（二）》（上海古籍出版社 2011 年出版）
45.《南宋全史（三）》（上海古籍出版社 2012 年出版）
46.《南宋全史（四）》（上海古籍出版社 2012 年出版）
47.《南宋全史（五）》（上海古籍出版社 2012 年出版）
48.《南宋全史（六）》（上海古籍出版社 2012 年出版）
49.《南宋全史（七）》（上海古籍出版社 2015 年出版）
50.《南宋全史（八）》（上海古籍出版社 2015 年出版）
51.《南宋美学思想研究》（上海古籍出版社 2012 年出版）
52.《南宋川陕边行政运行体制研究》（上海古籍出版社 2012 年出版）
53.《南宋藏书史》（人民出版社 2013 年出版）
54.《南宋陶瓷史》（上海古籍出版社 2013 年出版）
55.《南宋明州先贤祠研究》（上海古籍出版社 2013 年出版）
56.《南宋建筑史》（上海古籍出版社 2014 年出版）
57.《金人“中国”观研究》（上海古籍出版社 2014 年出版）
58.《宋金交聘制度研究》（上海古籍出版社 2014 年出版）
59.《图说宋人服饰》（上海古籍出版社 2014 年出版）

60.《南宋社会民间纠纷及其解决途径研究》
（上海古籍出版社 2015 年出版）
61.《咸淳临安志宋版京城四图复原研究》
（上海古籍出版社 2015 年出版）
62.《南宋都城临安研究——以考古为中心》
（上海古籍出版社 2016 年出版）
63.《两宋宗室研究——以制度考察为中心（上下）》
（上海古籍出版社 2016 年出版）
64.《南宋园林史》（上海古籍出版社 2017 年出版）
65.《道命录》（上海古籍出版社 2017 年出版）
66.《毗陵集》（上海古籍出版社 2017 年出版）
67.《西湖游览志》（上海古籍出版社 2017 年出版）
68.《西湖游览志馀》（上海古籍出版社 2018 年出版）
69.《建炎以来系年要录（全八册）》（上海古籍出版社 2018 年出版）
70.《南宋理学一代宗师杨时思想研究》（上海古籍出版社 2018 年出版）

南宋研究报告

1.《两宋“一带一路”战略 · 长江经济带战略研究》
（杭州出版社 2018 年出版）
2.《南北融合：两宋与“一带一路”建设研究》
（杭州出版社 2018 年出版）

通　史

西溪通史

《西溪通史（全三卷）》（杭州出版社 2017 年出版）

辞　典

余杭辞典

《余杭辞典》（浙江古籍出版社 2021 年出版）

杭州全书